대박나는
유튜브
찐! 구독자 늘리기

대박나는 유튜브
찐! 구독자 늘리기

초판 인쇄일 2021년 8월 2일
초판 발행일 2021년 8월 9일

지은이 이영호
발행인 박정모
등록번호 제9-295호
발행처 도서출판 혜지원
주소 (413-120) 경기도 파주시 회동길 445-4(문발동 638) 302호
전화 031)955-9221~5 팩스 031)955-9220
홈페이지 www.hyejiwon.co.kr

기획 · 진행 김태호
표지 디자인 김보리
본문 디자인 조수안
영업마케팅 황대일, 서지영
ISBN 979-11-6764-002-4
정가 14,000원

* 이 도서에 기술된 내용은 저자의 경험과 관점에서 얻은 개인적 견해로, 도서에 사례로 소개된 웹사이트 및 기타 동영상 플랫폼 크리에이터들의 실제 방침 등과 전혀 무관함을 미리 밝혀 둡니다.

찐! 구독자 늘리기

혜지원

찐! 구독자 1명이
중요한 이유

1인 방송은 2005년 무렵에 등장한 동영상 플랫폼과 함께 현재는 유튜브를 선두로 하여 기하급수적으로 괄목할 성장을 이루었다. 초창기에는 개인의 일상 다반사에 대한 동영상들이 주를 이루었다면 이제는 한걸음 더 나아가 게임방송, 먹방, 라방(라이브 방송)을 비롯하여 다양하고 독창적인 콘텐츠를 무기로 1인 방송 진행자들이 세계 시청자들을 대상으로 활동 중이다. 그들 중에는 연간 소득 수십, 수백억 원을 올리며 기업 회장 부럽지 않은 부와 연예인 스타 못지않은 인기를 얻은 사람들도 있다. 이들로 인해 더 많은 이들이 유튜브에 관심을 기울이게 되었다. 게다가 시장 진입 장벽이 없다시피한 덕분에 이전보다 더 많은 이들이 유튜버와 1인 방송 진행자가 되는 상황이 되었다.

유튜브를 시작한 사람들이라면 가장 먼저 고민하는 문제가 있다. 바로 '구독자 확보'가 생각만큼 쉽지 않은 것이다. 유튜브에 올린 영상에 광고가 붙으려면 조회 수가 많아야 하고, 조회 수가 많으려면 구독자가 필수적인데 구독자 확보는 쉽지 않은 장벽이기 때문이다.

콘텐츠만 특색 있으면 되겠지?

진행자가 예쁘거나 잘생기면 되겠지?

진행 멘트만 잘하면 되겠지?

콘텐츠가 재미있기만 하면 되겠지?

하다보면 어떻게든 되겠지?

저마다의 가능성을 갖고 도전하지만 많은 사람들이 늘지 않는 구독자 확보에 좌절했다. 그들 대부분은 한두 달 버텨 보기도 했음에도 끝내 포기를 했다. '어떻게 잘 되겠지!'라는 가능성을 보고 뛰어들었지만 미처 준비하지 못한 '구독자 확보 전략'이 원인이었다. 과연 시청자 수를 늘리고 구독자 확보에 도움이 되는 전략을 배울 수는 없을까?

그래서 이 책『대박나는 유튜브 찐! 구독자 늘리기』가 세상에 나오게 되었다. 이 책에서는 '이러면 좋다, 저러면 좋다'는 식의 천편일률적인 이야기를 하지 않는다. 오히려 구체적인 인터넷 동영상 플랫폼 시장과 구독자 확보 방안에 대해 이야기한다. 어느 특정 유튜버의 경험만을 예로 삼기보다는 동영상 플랫폼에 시청자들의 흐름과 트래픽이 생기는 이유를 설명하며 각자 자신의 채널에 적용할 수 있는 전략을 세우도록 돕는다. 그 이유는, 트렌드에 따라 인기 동영상이 시시각각 변하는 동영상 플랫폼에서 특정 개인의 경험이 일반화될 수 없기 때문이다. 또한 유튜브 같은 동영상 플랫폼 시장에서는 나만의 동영상이 아닌 다수의 동영상을 살펴보는 식으로 '전체적으로' 봐야만 트렌드와 구독자의 흐름을 알 수 있기 때문이기도 하다.

그렇다면 시청자(조회 수)를 늘리고 구독자 수를 끌어올리기 위한 다양한 방법에는 무엇이 있을까? 예를 들어, 주식 열풍이 불면 주식 투자 관련 동영상의 조회 수가 늘어나고 구독자가 증가한다. 새로운 게임이 나오면 그 게임을 하는 동영상의 조회 수가 늘어나고 구독자가 증가한다. 물론 단순히 새롭거나 인기 있다고 해서 구독자가 늘어나는 것은 아니다. 인기 아이템일 경우에는 시청자 및 구독자 수 확보 경쟁이 더 심해서 동영상 업로드도 꾸준하게 해야 하며 특정한 콘셉트나 다른 유튜버들과의 차별화도 필요하다.

한걸음 더 나아가서 유튜버의 음성과 음량, 속도와 어투, 멘트를 할 때 시선 처리, 채팅 방법, 채팅 단어, 질문 응답 속도 등 고려해야 할 부분이 많다. 이러한 요소들이 중요한 이유는 단 1명의 시청자가 영상을 보고 수십, 수백 명의 시청자를 데려올 수 있다는 점 때문이다. 단 1명의 시청자가 구독하였더라도 여러분의 영상이 충분한 퀄리티를 자랑한다면 그 시청자는 자신의 카카오톡이나 인스타그램, 페이스북, 커뮤니티 등을 통해서 여러분의 채널을 알릴 것이다. 이런 효과가 계속해서 파생되면 결과적으로는 최소한 수십 명에서 수백 명이 여러분의 유튜브 채널을 시청하게 되는 것이다. 그래서 **구독자 늘리기란 단 한 명이라도 '찐' 구독자를 만나는 것이 중요하다.** 우리는 그 한 명의 '찐' 구독자가 수십 명을 데려온다는 가정하에 콘텐츠를 만들고 트렌드에 맞춰 변화해 나아가야 한다.

자, 그럼 준비되었는가? 이제부터 '찐' 구독자를 늘리는 방법에 대해 알아보도록 하자.

이영호

PART 1

혹시 모르고 놓친 부분이 없는지 다시 읽는 유튜브
: 인기 유튜버가 되고 싶어요!

PART 2

스마트폰 한 대뿐? 바로 시작하면 안 되는 이유

: 처음부터 제대로 준비하기

PART 3

100만 구독자? 조회 수 0부터 시작하는 시장조사

: 인기 콘텐츠 기획 시청률에 대해 알아 두자

PART 4

콘텐츠 기획의 실습
: 콘텐츠 기획표 만들기

- -

PART 5

당신만 몰랐던 찐! 구독자 늘리기 노하우
: 시청자들이 열광 구독하는 콘텐츠 제작의 비밀

- -

PART 6

동영상 플랫폼의 변화 미리 준비하기

: 시청자가 제작자로, 제작자가 시청자로 변하다

혹시 모르고 놓친 부분이 없는지
다시 읽는 유튜브

: 인기 유튜버가
되고 싶어요!

스마트폰 시대, 각광받는 NEW 직업

"밥 먹는 모습만 보여 줘도 돈을 벌 수 있다?"

"하루 일상을 공유만 해도 돈을 번다?"

"학벌이나 자격증이 필요한 것도 아니고 누구에게나 열린 공간이다?"

태어나자마자 스마트폰이 주어지는 시대. 갓난 돌잡이부터 초로의 연세 지긋한 어른신들도 스마트폰을 들고 하루를 시작하고, 하루 일과를 마치며 잠자리에 들면서도 스마트폰을 보는 시대. 인터넷 세상에서 나이와 성별과 지역이 무관하게 실시간으로 연결된 사람들이 어울려 살아가는 세상. 내 손 안에 일상이 들어온 시대에 살아가는 사람들에게 새롭게 등장한 직업이 있다. 그것은 바로 '유튜버'이다.

그들은 다른 사람들과 일상을 공유한다. 식사하는 모습, 잠자는 모습, 술 마시는 모습, 출근하며, 퇴근하며, 여행 가서, 기타 치며, 피

아노 치며, 데이트하며, 운동하는 모습까지 인터넷에 올린다. 사람들에게 자신의 취향, 감성, 의견, 주장까지 모든 것을 공개하며 살아간다. 그들의 주된 수익은 자신이 업로드한 동영상에 게재된 광고 수입의 일부 금액이다. 출퇴근 시간은 따로 정해지지 않았다. 일하고 싶을 때 일하고 놀고 싶을 때 논다.

언뜻 보면 노는 것처럼 보인다. 그런데 그 행위가 일이라면? 그것이 내가 뼈 빠지게 하고 있는 일보다 수익이 더 난다면? 그들에게는 자신의 일상 중에 카메라를 켜고 동영상을 촬영하면 일을 하고 있는 중이고 카메라를 끄면 쉬는 중인 셈이다. 일과 휴식의 경계는 카메라 스위치가 결정한다. 심지어는 그렇게 자기가 일하고 싶을 때 일하고 남들보다 평균 수익을 더 버는 사람들도 있다. 사람들은 그들을 부러워하며 그들을 '유튜버'라고 부른다.

사람들은 그들의 채널을 구독하며 그들의 일상을 공유한다. 같이 즐거워하고 같이 생각하고 같이 행복해한다. 그들 사이에서는 '인플루언서(influencer)'라고 부르는 스타도 등장했다. 그들의 스타는 많은 이들에게 큰 영향력을 끼치며 게임도 같이 하고 대화도 나누며 같이 어울린다. 때로는 쇼핑의 기준마저도 제시한다. 이 모든 일들은 손바닥 위에 놓인 스마트폰, 그중에서도 유튜브에서 벌어지는 일이다.

스마트폰 시대에 각광받는 직업 '유튜버'에 대해 알아보고, 더 나아가서 동영상 플랫폼에서 구독자를 늘리는 방법에 대해 알아보자.

유튜버가 뭔가요?
: 움직이는 스마트폰
시대의 주인공

SUBSCRIBE

유튜브에서 계정을 만들고 동영상 콘텐츠를 제작하여 업로드하는 사람을 '유튜버'라고 부른다.

유튜버는 스마트폰 동영상 시대에 급부상한 인기 직업이다. 자유로운 시간 관리에 고소득을 올릴 수 있는 인기 직종이 되었다. 하루가 다르게 치솟는 유튜버의 인기에 힘입어 많은 사람들이 관심을 갖고 도전하고 있다.

그렇다면 현재의 유튜버라는 것은 어떻게 탄생한 것일까? 그 출발점은 "인터넷에 동영상을 올리면 돈이 될까?"라는 질문에서 시작되었다고 볼 수 있다. 유튜브의 흐름을 알기 위해서라도 인터넷의 시작부터 유튜버가 등장하기까지를 알아두도록 하자.

"인터넷에 동영상을 올리면 돈이 될까?"라는 질문은 사실 인터넷 세상에서 오래된, 초창기부터 많은 이들이 연구해 온 것이었다. 1980~1990년대 초중반 무렵 케텔(Ketel)과 하이텔(Hitel) 등의 PC통신으로 시작된 인터넷은 '원클릭(One click)' 등의 웹브라우저(인터넷 접속 & 검색 프로그램)들이 새로 나오는 족족 사람들에게 큰 인기와 주목을 받던 시대를 거쳐 왔다. 당시에는 인터넷에 연결하려면 모뎀이 필요했는데 초기 모뎀은 2400bps(byte per sec : 초당 전송되는 비트) 속도에서 14400bps까지 오르더니 28800bps를 넘어 1메가, 2메가 10메가를 지나 100Mbps, 그리고 이제는 5G 시대에 이를 정도로 빠르게 변화했다.

초창기 PC통신 시대에 인기 콘텐츠는 글자(TEXT)였다. 하이텔에 연재되던 소설이 종이책으로 출간되며 수백만 부가 팔리는 기염을 토해낸 것은 당시 인터넷 콘텐츠의 가능성을 보여 준 계기였다. 웹소설과 웹툰의 시작이 1990년대 초중반에 시작되었다고 보는 이유다. 하이텔에는 컴퓨터 온라인 장터 등이 있었는데 텍스트 기반의 상품 설명과 판매 정보를 올리는 것이 다였지만 거래가 이뤄졌다. 이는 오늘날의 인터넷 쇼핑몰이라고 볼 수 있다.

"손가락으로 대화가 되다니?"

조금 더 시간이 흐르면서 휴대전화기가 조금씩 퍼져 나갔다. 그 무렵에 혁신적인 디자인이기도 했던 '폴더폰'이라는 것은 전화기에 송신 부분을 접었다 펴도록 덮개가 달린 디자인이 전부였다. 카폰은 부의 상징이기도 하였는데, 어찌 되었건 이 무렵까지도 '음성통화가 아닌, 문자로 대화를 주고받는다는 것'에 대해 신기해했고 앞다퉈 여러 시도를 해 보며 상업성을 준비하던 무렵이었다.

1995년 무렵엔 MS사의 윈도95가 등장하였다. 1990년 초에는 MS DOS와 RS DOS를 중심으로 한 DOS(Data Operating System)가 컴퓨터를 작동했는데 점차적으로 MS DOS가 시장을 차지하면서 MS사의 윈도95가 등장한다. 그렇게 이미지(사진) 콘텐츠가 등장하였고 동영상 콘텐츠가 첫선을 보였다. 하지만 그 당시만 하더라도 데이터 전송 속도가 큰 문제였다. 인터넷에서 사진 한 장을 받거나 짧은 영상을 보려고 해도 버퍼링이 너무 느렸다. 가령, 파일 하나 받으려고 컴퓨터를 하루 종일 켜 두는 일도 빈번했다. 웹사이트가 열리지 않아서 웹브라우저에 사이트 주소를 연결해 두고 하루 일과를 마치고 오면 접속되어 있을 것이라는 농담조 우스개도 오고갔다. 이 당시에 인터넷으로 영화를 본다는 것은 꿈꾸기 어려운 일이었다.

그런데 그런 인터넷에 혁신이 일어났다. 바로 데이터 전송과 동영상 처리 속도가 빨라진 것이다. 사람들이 답답해하던 동영상 다운로드 속도가 획기적으로 빨라지고 동영상 프로그램이 다수 등장하면서 인터넷 기반 사업들이 속속 등장했다. 가장 먼저 인터넷 상업화에 성공하며 자리를 잡은 것은 게임이었다. 당시만 하더라도 오락실에서

하던 게임들이 전부였는데 이 게임들이 인터넷을 타고 컴퓨터 안으로 들어온 것이다.

그 다음에는 우편물이 이메일이라는 이름으로 등장했다. 이로 인해 인터넷상에서 실시간으로 편지를 보내고 받을 수 있게 되었다. 게임과 이메일이 등장하면서 이제 사람들의 다음 문제는 동영상과 파일 처리 속도, 그래픽 화질 등의 문제 해결에 있었다.

"인터넷에 가게 차릴래!"

인터넷에 의해서 살아가는 사람들이 늘어나면서 사람들의 일상은 인터넷 속으로 속속 들어왔다. 지금은 너무나도 일반화된 '인터넷 쇼핑몰'이지만 사실 그 시작은 아주 작은, 개인 저마다의 '집'에서였다. 인터넷 가게에 앞서 나만의 집이 먼저 생겼다. 이른바 홈페이지가 생긴 것이다.

인터넷에는 자기 집을 만든다며 '홈'이라는 개념이 등장했고 하이홈(hihome) 서비스가 인기를 끌었다. 인터넷에 '집'이 생기자 '학교'에 대해서도 관심이 쏠렸고 곧바로 인터넷에서 학교 친구를 찾는 서비스가 등장해서 큰 인기를 끌었다. 이는 '아이러브스쿨(iloveschool)'이었다. 미국에서는 이 이후에 페이스북(facebook)이 하버드대학교 동문 연결 서비스로 인기를 끌었다면 국내에서는 이미 그보다 앞서 시작된 서비스가 있었던 셈이다.

　인터넷에 사람들이 몰려들면서 게임 서비스는 더욱 인기를 끌었고 포털에서는 키워드 광고라는 검색 사업이 성공하였으며 경매와 쇼핑이 등장하며 그 명맥을 이어 성공가도를 달렸다. 인터넷에서 사업하려면 '검색', '경매', '쇼핑'을 하라고, 이 세 가지는 절대 안 망하는 아이템이라는 이야기도 유행했다. 인터넷에 사람들이 모이면서 일상생활의 모든 영역은 점차 온라인화되었다. 음악이 음원 다운로드 시장 형태로 들어왔고 책은 인터넷 서점, 영화관은 온라인 상영관 형태로 들어왔다.

　은행도 사람들을 따라 인터넷에 들어올 수밖에 없었다. 사람들은 인터넷에서 은행 업무를 처리하기 시작했다. 은행에 가서 대기표를 받아들고 오랜 시간을 허비하지 않아도 되는 세상이 된 것이다. 은행 업무뿐만 아니라 보험과 증권도 스마트폰 안으로 들어왔다. 이렇게 인터넷은 모든 분야를 끌여들여 사람들의 일상을 고스란히 온라인으로 집어 삼켰다.

　그러는 와중에 2014년경에 TV 방송국과 동영상 플랫폼 사이가 벌어지는 계기가 일어났다. TV 방송국에서 만든 드라마, 영화 콘텐츠를 온라인에 공급해 오던 터에 수수료에 대한 이견이 생기면서 TV 콘텐츠가 온라인 플랫폼에서 일시에 나가는 일이 발생한 것이다.

이를 계기로 동영상 플랫폼은 TV 콘텐츠가 나간 자리에 가수들의 뮤직비디오와 스타들의 영화를 채워 넣었고, 모든 사람들에게 문을 열어 개인 동영상을 올리게 하고 수익을 지불했다. 사실상 동영상 플랫폼의 혁신이 시작된 것이었다.

사실, 이 시기만 하더라도 동영상 서비스의 가능성에 대해 회의적인 시각을 갖고 있던 사람도 많았다. 사람들의 일상적인 동영상이 과연 수익을 낼 수 있을지에 대한 우려이기도 했다. 과연 사람들이 동영상을 보는 데 돈을 지불할까? 스마트폰 기종과 컴퓨터 사양이 각기 다른데 모든 동영상 처리 속도는 문제가 없을까? 등등 사업적으로 고려해야 할 요소들이 많았다.

그러나 2007년, 이런 걱정은 스마트폰이 등장하면서 완전히 사라졌다. 영상통화를 시작하면서 사람들은 동영상에 익숙해지기 시작했다. 그리고 영상통화를 하며 상대방에게 보여 주고 싶은 상황들을 화면에 담으려고 하는, 영상통화 카메라를 비춰 주며 상대방이랑 자신의 일상을 공유하려는 시도들이 생기면서 동영상 콘텐츠의 상업성은 점차 인정받기 시작했다.

일부 사람들은 영상통화 때문에 거짓말도 못하게 되었다며 자조 섞인 농담을 하기도 하였다. 사람들의 일상은 음성통화에서 문자통화로, 문자통화에서 영상통화로 급속도로 발달하였다.

유튜브는 TV다?
: 소원을 들어주는 마술상자

SUBSCRIBE 🔔

사람들은 유튜브에서 TV드라마와 예능 프로그램을 보고 가수들의 노래를 듣기 시작했다. 사람들이 알던 그 TV가 유튜브 안으로 들어온 것이다. 어느덧 사람들은 유튜브를 TV라고 인식하기 시작했다. 그리고 유튜브에 동영상을 올리면 자신도 TV에 출연한 것과 다를 바 없다고 여기기 시작했다. 사람들 대부분의 소원 'TV 출연하기'가 현실로 다가왔다. 너무나 손쉽게 이룰 수 있는 꿈이 되었다. 이른바 동영상 콘텐츠의 소비자였던 사람들이 직접 콘텐츠를 만들어 동영상 플랫폼에 참여할 수 있는 문이 본격적으로 열리면서 콘텐츠 생산자로 진입하게 된 것이다.

해당 플랫폼에서는 한 걸음 더 나아가 스포츠 경기 중계, 프로게이머 경기 중계, 인터넷 음악방송 등을 이어 가며 사람들을 불러 모으기에 집중했다. 콘텐츠를 보여 주며 사람들이 인터넷 콘텐츠에 익숙해지도록, 사람들이 플랫폼에서 콘텐츠를 제작할 수 있는 경험을 쌓을 수 있게 해 주었다.

　그러한 과정을 거쳐 동영상 플랫폼에는 점차적으로 수익 모델이 등장했다. 초창기 1인 방송은 인터넷 방송에 한정되어 개인 미디어 역할을 하는 것이 고작이었다. 2008년경까지 사실 1인 방송은 개인방송 그 이상도 이하도 아니었다. 인터넷 카페에서 방송하는 사람들도 있었고 음악방송으로 DJ 활동을 하는 사람들도 있었다. 일부는 당시에 시위 현장을 누비며 현장 영상을 인터넷으로 전해 주기도 했다. 문제는 '수익 모델'이 없다는 점이었다. 초창기에 1인 방송을 했던 사람들은 자비를 들이거나 동영상을 시청하는 사람들에게 '후원계좌'를 알려 주며 후원을 부탁하는 것이 고작이었다. 1인 방송 시장의 상황은 좀체 나아지지 않았다.

　그런데 그것이 변화의 시작이었다. 모 플랫폼에서 1인 방송을 후원하는 사업 모델이 등장한 것이다. '방송을 하는 사람들을 후원하자, 시청료를 내자'라는 자연스러운 인식으로 받아들여진 것은 전직 프로게이머들이 게임방송을 하는데 팬들이 후원 선물을 해 주기 시작한 것부터였다. 직장을 잃은 프로게이머들이 1인 방송으로 게임을 이어가자 팬들이 모여 게이머에게 후원 선물을 주기 시작한 것이었다. 그러한 현상은 확장되어 다른 진행자들에게도 후원 선물이 속속 주어지기 시작했다. 드디어 동영상 플랫폼에 수익 모델이 자리 잡기 시작한 순간이다.

물론 그 플랫폼이 수익을 내기 시작하면서 언론에도 보도가 되었지만 당시에는 자극성 기삿거리로 성적 대상화 소재의 극히 일부 BJ에게 후원을 하는 부분만을 집중시켰다. 이로 인해 1인 방송 초창기에는 선정성, 자극성 소재 방송이 아니냐는 오해를 불러 일으켰다.

하지만 아이러니하게도 뉴스에 보도가 될수록 그 플랫폼에는 사람들이 몰려들었고 더 큰 수익을 냈다. 당시에 언론에 보도되기로는 그 플랫폼이 사업을 시작한 지 10년만에 처음으로 수익을 내기 시작했다는 분석이 전해지기도 하였다. 어쨌든 뒤이어 다른 플랫폼들(사용자들에게 서비스하는 차원에서만 동영상 서비스를 유지하던)에서도 1인 방송과 후원 기능이 추가되었고 사업적으로도 1인 방송이 직업이 되는 상황을 만들어 내는 데 이르게 되었다.

그렇게 사람들이 몰려든 인터넷 콘텐츠 시장에 동영상 압축 기술을 가진 기업들이 들어와 동영상 플랫폼 서비스를 시작하였고 유튜브가 그 가운데에 선두에 서서 돈 버는 동영상 플랫폼으로서의 인기를 구가하게 된 것이다.

4 유튜브 방송하기에 대해 알려 주세요!
: 인터넷 강의와의 차이점

SUBSCRIBE 🔔

사실, 동영상 플랫폼의 시작은 인터넷 강의 서비스라고 볼 수 있다. 고가의 학원 수업이 인터넷에서 인터넷 강의 콘텐츠가 되어 서비스되기 시작했는데, 대학입학수학능력시험(수능) 시장에서 인터넷 강의 콘텐츠가 수험생들에게 콘텐츠 이용의 편리성과 반복성 등에 의해 큰 인기를 끌면서 관련 플랫폼에서 큰 이익을 냈다. 중고등학생들은 인터넷 강의에 익숙해지면서 인터넷 동영상을 돈을 주고 본다는 것에 대해 낯설어하지 않게 되었다. 이런 경향을 계기로 마침내 동영상에도 돈을 지불할 수 있는 가치가 있다는 인식이 생기기 시작했다.

이는 다른 플랫폼에서는 다른 사례로 확장되기 시작했다. 대표적인 사례가 스포츠 경기와 인터넷 게임 대회 중계이다. 스포츠 경기 중계권을 들여오고 인터넷 게임 대회를 중계하기 시작하면서 트래픽[1]이

---

1) 트래픽 : 특정 통신장치나 전송로상에서 일정 시간 내에 흐르는 데이터의 양

획기적으로 늘어났는데, 스포츠 경기 중계를 하는 1인 방송인들에게 돈을 벌게 해 주는 화폐 아이템이 등장하면서 점차 1인 방송이 돈을 벌 수 있다는 인식이 퍼져 나가기 시작했다.

스포츠토토가 등장한 것도 일조했다. 스포츠 경기 결과에 돈을 거는 복권사업이 인터넷에서 서비스되었고, 스포츠 경기에 돈을 걸며 즐기던 사람들이 1인 방송 진행자들에게 현금성 아이템을 선물하는 일이 생기면서 누가 얼마를 받았는지에 대해 뉴스에 보도되는 일까지 생겼다. 그렇게 시작된 1인 방송이 오늘날에는 동영상 콘텐츠 전체에 대해 광고를 게재하고 광고료를 나누는 방식으로 진화된 것이다. 그리고 그 선두에는 유튜브 방송하기가 있다.

유튜브로 외국의 어떤 사람이 돈을 얼마를 벌었다더라는 사례들이 뉴스로 보도되면서 사람들에게 막연하게나마 유튜브로 큰 돈을 벌 수 있다는 점이 부각되었다. 그리고 이를 놓칠세라 초창기 동영상 시장에 뛰어든 사람들이 성공 사례를 연속으로 선보이면서 1인 방송 즉, 동영상 콘텐츠 시장엔 본격적으로 사람들이 몰려들기 시작했다.

동영상 인터넷 강의 vs 유튜브의 콘텐츠 강의

인터넷 강의는 돈을 지불하고 강의 콘텐츠를 구입하는 것이다. 인터넷 강의는 강의 플랫폼에 접속해서, 자기가 원하는 강의를 돈을 주고 사서 보고 들으며 공부하는 방식이다. 자기에게 맞는 강사와 자기가 공부하기 쉬운 강의 방식을 고를 수 있다는 것이 장점이다.

그렇다면 유튜브랑 다른 점은 무엇일까? 유튜브에는 무료 동영상과 유료 동영상이 있다. 그런데 무료 동영상 시청자들이 많다. 이를 다시 생각해 보자면 유튜브를 보는 사람들은 '휴식'을 원하는 바가 크다는 점을 먼저 주시해야 한다. 돈을 내고 쉬려고 하기보다는 무료로 잠깐 휴식하는 것을 선호한다는 의미이다. 우리는 여기서 유튜브를 보는 사람들이 짧은 동영상과 재미있는 내용 동영상을 보며 웃으려고, 스트레스를 풀려고 하는 경향이 있다는 점을 알게 된다. 돈을 낸다는 것은 '대가'를 바라는 것이고, 돈을 지불한 시청자가 원하는 만큼의 대가(지불한 돈 이상의 효율)를 얻지 못한다면 구독은 커녕 채널에 재방문도 하지 않을 것이다.

머리를 식히려고 들어온 사람들, 휴식을 원하는 사람들. 이 점이 인터넷 강의와 다른 점이라고 하겠다. 쉽게 말하면 이들을 위해서는 유머와 개그, 신기한 내용과 코미디 콘텐츠가 인기를 끌 수밖에 없고 노래 콘텐츠가 필수가 된다는 의미이다.

수익적인 면에서 인터넷 강의와 다른 점을 보면, 인터넷 강의는 강의 플랫폼 기업과 강의를 만들어 올린 강사가 일정 비율로 수익을 나눈다. 반면 유튜브에서는 동영상에 광고를 넣고 광고 수입에 대해 유튜브와 채널 제작자가 수익을 나눈다.

인터넷 강의는 사용자가 돈을 내고 구입하는 콘텐츠이지만 유튜브에서는 광고주가 홍보를 하기 위하여 돈을 지불하면 그 돈을 유튜버와 유튜브가 나누는 방식이다. 유튜브 사용자는 자기가 원하는 콘텐츠를 클릭하고 그 콘텐츠를 즐기기만 하면 된다.

인터넷 강의가 '회사, 강사, 학생'으로 구성된다면 유튜브에서는 '회사, 광고주, 제작자, 네티즌'으로 구성된다. 인터넷 강의는 이용자 층이 주로 '학생'인 반면에 유튜브에서는 남녀노소 상관 없이 모든 이들이 대상이다.

그래서 유튜브에서 '방송하기'는 1인 방송인 동시에 콘텐츠라고 부를 수 있다. 제작자의 방향성에 따라 다양한 소재와 내용으로 구성되며 모든 사람들(시청자)을 대상으로 콘텐츠를 선보이고 그에 따른 광고 게재료의 일부를 버는 시스템인 것이다.

지금은 유튜브에서도 교육 콘텐츠가 늘어나고 있다. 앞으로는 무료 인터넷 강의가 유튜브에 더 많이 진입할 것으로 예상되므로 인터넷 강의 플랫폼에서의 콘텐츠 비용은 점차적으로 하락할 것이다. 무료 강의가 늘어날수록 유료 강의는 사라질 것이다.

누구나 인기를 얻을 수 있나요?

: 밥만 먹어도 콘텐츠가 되는 이유

유튜버를 한다면 인기 유튜버가 되기를 원한다. 당연하다. 그럼 인기 유튜버란 어떤 유튜버일까? 콘텐츠의 조회 수와 구독자가 많은 사람이다. 올리는 동영상마다 시청하는 사람들이 많으면 그 동영상을 올리는 사람은 인기 유튜버라고 생각한다. 동영상이 인기 있으니 조회 수가 많이 생기고 구독자가 늘어나며 광고료 수입도 많다. '인기 콘텐츠 = 돈 벌어 주는 콘텐츠'라는 공식이 성립한다. 그럼 보다 근본적으로 생각해 보자.

인기 동영상을 만드는 것은 누구일까? 제작자일까, 시청자일까?

동영상을 만드는 것은 유튜버이다. 하지만, 그 동영상을 인기 동영상으로 만드는 것은 동영상 제작자가 아니다. 그렇다고 시청자도 아니다. 바로 유튜브라는 플랫폼이다. 이는 내가 동영상을 만들었으나 내가 원한다고 해서 반드시 인기 동영상으로 만들 수는 없다는 의미이며, 시청자가 아무리 많이 봐도 무조건 인기 동영상이 되는 것은 아니라는 의미이다.

인기 동영상이 되기 위해서는 우선적으로는 유튜브의 이용 약관과 콘텐츠 규정에 적합해야 한다. 유튜브의 정책을 벗어나지 않는 콘텐츠를 만들어야 인기 동영상이 될 확률이 높아진다. 소재는 무궁무진하고 표현의 자유는 보호된다. 단, 사회적으로 금지하는 내용이거나 다른 이용자들에게 혐오감을 줄 수 있는 내용은 피해야 한다. 또한 타인의 저작권과 같은 다른 이의 권리를 침해하지 말고 자기 자신의 창작물이어야 한다.

다음으로는 콘텐츠 소재의 개성, 차별화, 재미를 고려해야 한다. 인기 콘텐츠가 되는 방법을 예를 들어 생각해 보자.

여러분도 '유튜버하면 먹방'이 먼저 떠오르는가? 왜일까? 사람들에게 익숙한 분야(식사)이고, 좋아하는 분야(식사)이고, '어차피 먹고(식사) 살자고 하는 일'이라서 그럴까? 아니면 기존에 인터넷에서 화제가 되고 널리 알려진 콘텐츠가 먹방이니까 인기가 많을 것이라고 생각할 수 있다. 유튜브로 돈을 벌어서 맛있는 것을 사먹으며 살고 싶은데 먹방을 하면 먹고 싶은 것도 먹으면서 돈을 버니까 사람들이 먹방으로 더 몰리는 것이 아닐까? 하는 이유도 떠올릴 수 있다.

어느 정도는 합리적인 주장이다. 먹방은 '레드오션'이 아니다. '더 이상은 안 돼'가 없다. 그래서 먹방 콘텐츠는 언제든 좋은 아이템이다. 일반적으로 사람은 하루에 3번 식사한다. 매 끼니마다 제일 골치 아픈 것은 '무엇을 먹을까?'이다. 무엇을 먹을까 고민하며 메뉴판을 이리저리 들여다보는 것도 하루이틀로 한계가 있다. 그래서 우리들은 처음 가는 식당에서는 가장 먼저 다른 테이블 사람들은 무엇을 먹고 있는지 흘깃거리곤 한다(어떤 음식을 먹을 것인지 미리 결정하고 식당에 가는 경우를 빼고). 그리고 다른 사람들이 많이 먹는 메뉴를 주문하곤 한다.

"맛집이란 말이 괜히 나온 게 아니군요!"

맛집이란 말 속에는 '그 식당에서는 어떤 메뉴들이 맛있을까?'라는 의미는 없다. 단지 '나도 그 식당에 가서 인기 있는 그 메뉴를 먹겠다'라는 의미만 있을 뿐이다. 다시 말해서 '맛집'이란 특정 메뉴가 인기있다는 말이다. 맛집의 어떤 메뉴가 널리 알려졌다는 의미와 같다. 결국 먹방이라는 콘텐츠는 콘텐츠에서 다루는 모든 음식들이 인기 있어야 한다는 것이 아니며, 어느 한 가지 음식의 먹방도 괜찮다.

사람들의 입맛은 천차만별이다. 스테이크를 먹더라도 완전히 익힐 것인지, 덜 익힐 것인지, 거의 날 것으로 먹을 것인지 고른다. 소스는 소스대로 고르고 양념은 양념은 양념대로 고른다. 그뿐 아니다. 식당의 인테리어, 식당의 위치, 식당까지 가는 거리, 주차장 유무, 외관 인테리어, 식사하면서 듣는 음악, 누구와 함께 갈 것인가, 언제 갈 것인가, 어떤 옷을 입고 갈 것인가, 그 식당의 냅킨과 수저와 젓가락은 무엇인가, 구이 메뉴라면 화로에 넣는 것이 석탄인지 연탄인지 참숯인지 톱밥인지도 고른다. 이런 천차만별적 경향은 무궁무진한 경우의 수가 존재하는 콘텐츠가 된다. 그래서 먹방은 누구에게라도 어울리는 손쉬운 콘텐츠이고 인기 콘텐츠가 되는 데 좋은 아이템이다.

이제 갓 시작한 초보 유튜버에게 해당되는 상황일지 몰라도 여러분이 먹방에 등장시킨 그 메뉴는 이미 널리 알려진 인기 아이템일 가능성이 크다. 생소하다면 생소한 대로 인기 있다면 인기 있는 대로 그 맛을 궁금해할 것이다.

여러분은 '무명'일지라도 그 메뉴는 '잘 알려진 스타'다.
....

그래서 기억해야 할 것은, "인기를 얻을 수 있을까요?"라고 물어보는 것은 이미 뒤처진 생각일 수 있다는 점이다. 냉정하게 생각해서 사람들은 여러분 자체가 아니라 콘텐츠에 대해 흥미를 갖는다는 것을 기억하자. 우리가 얻는 인기는 제작자의 인기가 아니라 콘텐츠의 인기이다.

결국 우리는 근본적으로 '인기를 얻을 수 있을까요?'라는 궁금증이 아니라 인기 콘텐츠를 만들 수 있다는 자신감의 문제를 생각해 봐야 한다. 아무리 인기 많은 스타가 등장한다고 하더라도 콘텐츠가 재미없으면 인기 없는 채널이 된다. 여러분도 이미 그런 경우를 많이 보지 않았는가? 스타가 출연했는데 그 드라마 시청률이 형편없는 경우 말이다.

유튜버가 직업이
될 수 있나요?
: 새로운 직업의 탄생

SUBSCRIBE 🔔

　'직업'이란 무엇일까? '소명 의식을 갖고 돈을 버는 행위'라고 할수 있다. 우리는 어떤 일을 하며 돈을 번다고 해도 그것을 직업이라고 부르지 않는 경우가 많다. 단순히 돈을 번다는 것이 직업을 의미하지는 않기 때문이다. 가령, 복권을 사는 것도 돈을 벌고 싶은 기대를 하는 행위인데 직업이라고 부르진 않는다. 확률에 따른 결과로 돈이 생기는 점 때문이 아니라 '복권'을 사는 것을 직업으로 볼 수 없다는 사회적 인식이 존재하기 때문이겠다.

　또한 '직업'이란 단순한 '돈벌이'와 구분된다. 우리 생활에서 돈을 벌 수 있는 일은 많지만 그 모든 것을 직업이라고 부르지는 않는다. 이벤트에 당첨되는 것, 길가다 돈을 줍는 것도 돈을 버는 것이라고 할 수 있겠다. 하지만 직업은 아니다. 직업이란 꾸준한 돈벌이, 즉 생계 수단이 되어야 한다. 우리가 직업이라고 부르는 일들은 우리 자신의 명예와 자부심과 사회적 인식과 평판에 영향을 끼치는 것이기에 그렇다.

"직업은 그런 점에서 부를 수 있는 범위가 제한적이지 않나요?"

직업은 변화한다. 사회가 발달할수록 많은 직업이 생긴다. 비행기가 발명되면서 조종사와 승무원이 생겼다. 비행기가 착륙하고 이륙할 수 있는 공항이 생기면서 공항에 근무하는 여러 직종들이 생겼다. 공항 관리 회사와 비행기에 음식을 제공하는 식품 회사들이 생기며 비행기 수리하는 사람, 비행기로 나르는 화물을 옮기는 택배 업종도 생겼다. 이처럼 사회가 발달하고 기술이 발전할수록 새로운 직업은 발맞춰 생긴다.

인터넷 자체도 얼마나 많은 직업을 만들었는가. 인터넷으로 인해 회사나 가정마다 인터넷을 설치해 주는 직종이 생기고 통신업과 인터넷 관련 수많은 직종들이 새로 생겼다. 스마트폰도 마찬가지이다. 스마트폰이 생기면서 앱 개발자, 앱 디자이너, 스마트폰 판매업, 수리업, 스마트폰에 들어가는 부품을 만드는 회사들이 생겼다. 관련 액세서리를 만드는 곳도 생겼다. 이처럼 새로운 직업은 사회의 변화에 따라 언제든 생긴다.

그렇기 때문에 유튜버도 직업이라 말할 수 있다. 인터넷 동영상 플랫폼이 등장하고 유튜브가 생기면서 동영상 콘텐츠를 만들고 광고 수입을 나누는 사람들이 생겼고 그들을 가리켜 유튜버라고 부른다. 이는 전에 없던 새로운 분야에서의 직종이 생긴 것이다.

유튜브를 한다는 이유로 괜히 움츠러드는 사람들이 있다. 그들 대부분은 "유튜버가 직업이라고 사람들에게 말하고 다녀도 될까요?"라고 물어보곤 한다.

유튜브 안에는 학원 강사도 있고, 대학 교수도 있고, 유치원 선생도 있다. 신문 기자도 있고 연예인도 있으며 패션 모델도 있다. 일상에서 보는 거의 대부분의 직종들이 유튜브에 들어온 지 오래다. 그들이 유튜브 안에서 일하는데 유튜버라고 부르지 못할 이유가 없다. 유튜브에서 콘텐츠를 기획하고 제작하여 업로드하는 여러분이 있기에 유튜브라는 생태계가 움직일 수 있다. 당연히 유튜버는 당당한 직업이다.

우리가 유튜브에서 콘텐츠를 만드는 사람을 뭐라고 부르는지 생각해 보자. 먹방을 하는 사람은 먹방가? 장난감 리뷰 동영상을 만드는 사람은 리뷰어? 아니다. 다 유튜버라고 부른다. 장난감 리뷰 동영상을 만드는 사람도 유튜버이고, 프라모델 조립 동영상을 만드는 사람도 유튜버이다. 여행지를 소개하는 콘텐츠를 만드는 사람도 유튜버이고 공부하는 모습을 콘텐츠로 만드는 사람도 유튜버이다. 본업이 있어도 본업과 유튜버라는 이름은 같이 따라다닌다. 이 현상 자체가 유튜버는 하나의 직업이 되었다는 것을 받쳐 주는 사례이다.

정리하자면, 유튜버란 유튜브에서 콘텐츠 제작을 하는 사람, 그러한 직업을 총칭하여 부르는 단어이다. 그래서 만약에 여러분이 '유튜버'라고 소개한다면 상대방은 여러분을 다시 보며 물어볼 것이다.

"어떤 콘텐츠를 하세요?"
....

이 시대의 유튜버는 유튜브 안에서 콘텐츠를 기획하고 제작하는 사람을 의미한다. 그래서 유튜버의 활동 무대는 점점 확산되고 있다. 유튜브 안에서 콘텐츠를 만들고 제작하지만 TV에도 출연하고, 책도 집필하고, 행사에 초대 손님으로도 참여하는 등 다양한 영역에 진출하고 있다. 이런 제한 없는 확장 추세는 '유튜버'라는 여러분의 직업이 콘텐츠가 무궁무진하게 필요한 이 시대에 중요한 핵심 직종이 되었다는 것을 보여 준다.

스마트폰 한 대뿐?
바로 시작하면 안 되는 이유

: 처음부터
제대로 준비하기

돈 버는 유튜버가 되어 보자

SUBSCRIBE 🔔

유튜브를 할 것이라며 스마트폰부터 먼저 꺼내는 사람들이 있다. 그들은 스마트폰 한 대만 있으면 바로 시작할 수 있다고 이야기한다. A라는 모 대학생은 필자에게 스마트폰으로 1인 방송을 하는 모습을 보여 주며 후원으로 시청료 받은 이야기를 하고 중국인 시청자가 보낸 메시지를 보여 주기도 한다. 평균 시청자 수는 10여 명이 채 안 되는 상황이지만 1인 방송하는 재미가 있다며 앞으로 더 해 볼 생각이라고 한다. A는 자신의 일상이 콘텐츠다. 영상통화하듯이 방송을 켜고 시청자들에게 일상을 이야기한다. 어떤 콘텐츠를 만들까 고민하지 않고 자기 자신이 콘텐츠가 된 경우다.

필자의 지인 중에는 1인 방송을 한다는 B라는 사람이 있다. 한번은 B를 포함한 친한 지인들과 카페에 들렀다. 그런데 B가 그곳에서 테이블 위에 스마트폰을 켜서 놓더니 1인 방송을 했다. 갑작스럽게 그날 모였던 사람들의 목소리와 내용이 고스란히 B의 방송을 탔다. 웃고 떠들고 잡담하는 이야기들이 방송으로 시청자들에게 전달되었다. 그렇게 두어 시간이 지난 후, B는 그날 방송을 마무리한다며 스마트폰 카메라 앱을 껐다.

"좋아요, 구독 눌러 주세요!"

카메라를 끄기 전 마무리 멘트는 똑같았다. 앞서 소개한 두 사람은 서로 만난 일도 없는데 어쩌면 그렇게 똑같이 행동하는지 신기했다. 두 사람이 같은 학원에라도 다닌 것일까? 시청자들에게 구독과 좋아요(추천) 버튼을 눌러 달란다. 제스처도 비슷했다. 카메라를 바라보면서 버튼 위치를 가리키며 눌러 달라거나 시청자와 대화하듯 이야기했다. 으레 하는 말 같기도 했고 꼭 해달라는 마음이 느껴지기도 했다.

이 두 사람은 유튜버로서 성공할 수 있을까? 정답은 '그렇지 않을 가능성이 아주 높다'이다. 두 가지 경우를 살펴봤지만 다른 이들도 크게 다르지 않을 것이다. 무엇이 문제였을까? 두 사람은 어디에 초점을 두고 있었을까?

A는 자기 중심 방송을 하는 경우이다. A는 자기가 하고 싶은 이야기를 배설하듯 방송하는 사람이다. 시청자가 많거나 적거나, 있거나 없거나 상관없다. A는 자기 만족에 사로잡힌 상태이다. 시청자가

1명이라도 있고 자기 이야기를 들은 사람이 자기에게 후원을 해 줬다는 것이 자랑거리였다. 자기 중심적 사고로 인해 시청자 중심 방송은 없었다. 당연히 시청자 중심 콘텐츠가 나올 리 없었다.

B는 프로필 추가용 방송을 하는 경우이다. 시청자들의 마음은 생각지 않는다. B의 방송은 오로지 자기 지인에게 '나 이런 것도 하고 있다'라고 보여 주는 방송이었기 때문이다. 그날 모임의 이야깃거리는 당연히 B의 방송이었다. B는 그날 모임을 콘텐츠로 만든 것이 아니라 자기 방송을 보여 주려고 모임을 가진 것에 지나지 않았다.

1인 방송은 남들이 하니까, 나도 하고 싶어서, 뭔가 그럴듯해서, 안하면 안 될 것 같아서 해 보는 것이 아니다. 1인 방송도 콘텐츠이기 이전에 하나의 방송이다. 진행자와 시청자가 있다. 그렇다면 그 방송의 주인은 시청자가 되어야 한다. 시청자가 1명이건 2명이건 간에 시청자를 위한 콘텐츠가 되어야 한다. 자기 중심 방송을 하거나 자기 지인들 모임에서 프로필 하나 더 보여 주려고 방송을 했는데 시청자가 안 생긴다고, 1인 방송 해 봤는데 잘 안 된다고 투덜거릴 문제가 아니다.

1인 방송뿐만 아니라 동영상 콘텐츠를 만드는 것도 다르지 않다. 제작자를 위하고 제작가가 즐거운 내용이 아니라 시청자가 즐거운 콘텐츠, 시청자에게 도움 되는 콘텐츠가 되어야 한다. 콘텐츠가 10초 분량이건 5분 분량이건 간에 시청자는 자기 시간을 투자해야 한다. 시청자 입장에선 아무리 짧은 시간이라고 해도 자기 시간을 투자한다고 여긴다. 단 1초라도 아깝다고 여기면 플레이를 끈다. 콘텐츠가 자기 마음에 안 들면 시청하는 시간이 5초를 넘어가지 않는다. 그리고 다시 찾지 않는다. 이를 조금 확대하면, 시청자가 100명이라면 다른 사람의 500분이라는 큰 시간을 얻는 것과 같다. 절대로 허투루 준비해선 안 되는 이유이다.

1인 방송을 하고 싶다?
동영상 콘텐츠를 만들어 인터넷에 올리고 싶다?
돈 버는 유튜버가 되고 싶다?

결국 위처럼 이루어지기 위해서는 스마트폰에서 앱만 설치하면 된다고 해서 바로 시작하면 안 된다. 처음부터 제대로 기획하여 준비하고 나름의 전략을 충분히 검토해서 시작해야 한다. 준비 시일이 많이 걸린다고 해도 괜찮다. 의욕만 충만하여 아무렇게나 시작해서 얼마 동안 해 보다가 지쳐서 그만둘 것이 아니라면, 어디 가서도 유튜버라고 명함을 내밀 수 있을 정도가 되고 싶다면 사전 준비 단계가 중요하다.

내게 필요한 '장비'

: 내게 편리하게 준비하기

"저는 장비가 하나도 없어요. 컴퓨터도 다시 좋은 걸로 사야 하고…"

이렇게 말하는 사람들에게 묻고 싶다. 스마트폰이 있는가? 그렇다면 1인 방송을 할 수 있는 장비는 충분하다. 1인 방송은 스마트폰 외에 기본 조명(형광등, 햇볕, 실내 조명 등), A4용지(흰색 종이), 이어폰 등만 있어도 가능하다. 물론 스튜디오가 있으면 더더욱 좋겠지만 꼭 그렇지도 않다(스튜디오에 대한 내용은 뒤에서 알아보겠다).

현재 시중에서 판매하는 스마트폰 모든 기종은 1인 방송이 가능하고 콘텐츠 제작 시에도 무난하게 사용할 수 있다. 스마트폰 1대로 촬영을 하고 스마트폰으로 바로 편집해서 자막을 넣고 마무리할 수 있다. 그 영상을 같은 스마트폰으로 인터넷과 유튜브에 바로 업로드할 수 있다.

사실 컴퓨터를 써야 하는지 스마트폰을 써야 하는지, 어떤 기종을 써야 하는지는 크게 중요하지 않다. 어떤 컴퓨터(스마트폰)를 사용해도 되지만 가장 먼저 고려해야 할 사항은 내게 편리한 컴퓨터를 써야 한다는 점이다. 종류에 상관 없이 내 손에 가장 익숙한 컴퓨터를 사용하도록 하자.

다만, 게임방송을 하려는 경우라면 조금 더 생각해 볼 점이 있다. 신작 게임의 경우 그래픽 카드(해상도를 높여 주는 부품)라는 부품이 있는데 게임의 해상도와 속도감이 최신 컴퓨터 사양에 맞춰져 있다면 컴퓨터를 업그레이드해야 할 필요가 있다. 옛날 컴퓨터에서는 최신 게임이 제대로 돌아가지 않을 수 있다.

"카메라는요?"

1인 방송이 활성화되고 유튜브에 콘텐츠를 제작해서 업로드하는 사람들이 많아지면서 카메라도 종류가 다양해졌다. 물속에서 촬영할 수 있는 카메라, 빠르게 달리는 모습도 촬영할 수 있는 카메라, 자전거를 타고 달리거나 어떤 대상에 대해 매우 가깝게 대고 촬영할 수 있는 카메라 등 제조사도 다양하고 종류도 많다. 그런데 가장 중요한 점을 꼭 확인해야 한다.

바로 카메라의 영상과 여러분이 사용하는 컴퓨터의 동영상 편집 프로그램이 서로 호환이 되어야 한다는 점이다. 이 점을 확인하지 않으면 카메라로 촬영한 영상을 컴퓨터에서 틀어 보지도 못하는 경우가 생길 수 있다. 생각보다 많은 이들이 간과하고 있는 부분이다.

촬영 현장 ⓒ이영호

이 점을 확인하지 않으면 '동영상 코덱'이라고 부르는 프로그램을 별도로 설치해야 하는 일도 생길 수 있다. A사의 컴퓨터에는 A사에서 제조하는 카메라를 써야 하는 경우도 있다. 물론 대부분의 동영상 코덱은 인터넷에서 무료로 다운로드받아 설치할 수 있지만, 이 과정이 생기면 프로그램을 이용하고 영상을 편집하는 과정 자체가 복잡해진다. 처음부터 제대로 확인만 한다면 충분히 방지할 수 있는 문제이다. 카메라 구입을 물어보는 이들에게 필자는 처음엔 스마트폰만으로도 충분하다고 말한다. 카메라가 좋다고 콘텐츠가 좋은 것은 아니다.

 10년 전부터 사용하던 컴퓨터

그럼 대표적인 각 기기들(컴퓨터, 모니터, 스마트폰, 마이크)에 대해서 조금 더 알아보고 가자. 필자에게는 지금 2011년에 산 컴퓨터가 있다. 이 당시에 사용하던 컴퓨터로 1인 방송을 하거나 동영상 콘텐츠를 제작하는 데 사용할 수 있을까?

있다. 가능하다. 컴퓨터를 반드시 새로 살 이유는 없다. 컴퓨터는 여러분이 갖고 있는 컴퓨터를 그대로 사용하면 된다.

 동영상 편집에 필요한 모니터

데스크톱 컴퓨터 세트에는 별도의 모니터가 있다. 모니터에는 LCD모니터(편의상 '두께가 얇은 액정 모니터'라고 이해하자)와 CRT 모니터(편의상 '불룩한 형태의 모니터'라고 이해하자)가 있다. 동영상 편집을 할 때는 어떤 모니터가 좋을까? 사람들마다 선호도가 다른데 필자는 디자인이나 색상을 고려해야 할 경우에는 손에 익고 사용하기가 편리하여 CRT모니터를 선호하는 편이다. 요즘에는 모니터 성능이 뛰어나므로 어느 모니터든지 큰 차이는 없다.

"동영상 편집을 하는데 스마트폰 화면이 너무 작아요!"

이런 경우가 많다면 되도록 큰 모니터를 사용할 것을 추천한다. 동영상 편집 프로그램에는 타임라인(동영상을 시간 순서대로 펼쳐서 보여 주는 공간), 미리보기 공간, 자르기와 붙이기 기능과 동영상 파일 불러오기, 동영상 변환 기능을 나열한 공간이 있다. 이러한 기본적인 메뉴들을 한 번에 보면서 편집해야 하는 경우라면 되도록 큰 사이즈의 모니터가 좋은 것이 당연하다.

필자는 동영상 편집에는 20인치 이상의 가로형 모니터를 주로 사용하는 편인데, 스마트폰으로 영상을 보더라도 가로 타입으로 보는 사람들이 다수이기에 동영상 편집도 가로 타입으로 편집한다. 다만 SNS에서도 1인 방송 서비스를 지원하면서 세로형 동영상을 사용한다. 세로형 동영상도 스마트폰에서 시청하기에는 큰 무리가 없다.

그런데 왜 가로형을 군이 추천하냐면, 스마트폰이나 일반 컴퓨터 모니터에서 영상을 보려면 세로형 동영상은 가로형 화면에서는 좌우에 검정색 여백이 생기고 가운데에서만 좁게 보인다. 사람들마다 선호도가 다르겠지만 필자가 가로형 동영상을 추천하는 이유이다. 시청하는 데 무리가 없고 콘텐츠 내용을 전달하는 데도 효과적이다.

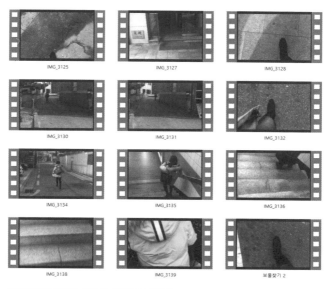

동영상 편집 과정에 사용되는 파일들 ©이영호

 ③ **스마트폰으로 촬영하기** : 내 손 안의 카메라 사용하기

요새는 1인 방송을 하는 사람들에게 도움이 되는 스마트폰들이 많이 출시되었다. 달리면서 촬영해도 흔들림 없는 영상을 지원해 주는 기능이라든가 해상도를 선명하게 해 주는 기능, 어두운 데에서 촬영해도 조명 효과를 넣어 주는 기능 등처럼 초보자들에게 필수적인 기능들이 많이 있다.

스마트폰으로 촬영할 때는, 특히 초보자들의 경우에는 '손떨림'이

가장 큰 문제이다. 이는 화면이 흔들리거나 초점이 제대로 맞지 않는 결과로 이어진다. 힘들게 동영상을 촬영했는데 편집할 때 보면 화면이 흔들려서 그 동영상을 사용할 수 없는 경우가 생긴다. 작은 화면으로 볼 때는 잘 몰랐는데 큰 화면으로 보니까 손떨림 상태가 눈에 확연히 보이고 동영상 초점이 안 맞아서 도대체 무슨 내용인지 모르겠는 경우도 부지기수이다. 이를 막기 위해서는 어떻게 해야 할까?

가장 쉬운 팁 하나를 말하자면, 스마트폰으로 촬영할 때는 최대한 고정시켜 두고 앵글(각도)을 확보한 다음 찍는 것이 제일 좋다. 그렇지 않고 움직이면서 촬영할 때는 스마트폰을 양손으로 붙잡은 상태에서 양쪽 팔꿈치를 겨드랑이에 딱 붙이듯 하고 촬영해 보자.

손떨림의 가장 큰 원인은 호흡에 있다. 호흡하면서 생기는 몸의 변화(위아래 움직임)에 맞춰 팔이 움직이기 때문이다. 그렇지만 양쪽 팔꿈치를 겨드랑이에 붙이고 촬영하면 움직임이 확 줄어들고 양팔에 안정감을 갖게 해 줘서 보다 더 안정적인 동영상을 얻을 수 있다.

 ❹ 동영상은 어떤 카메라로 촬영하나요?

다음은 카메라 종류에 대한 부분이다. 1인 방송이나 동영상 콘텐츠 제작에 사용되는 카메라에는 주로 DSLR, 웹캠, 스마트폰 카메라, 액션캠, 디지털 카메라 등이 있다. DSLR은 해상도가 매우 높아서 광고 사진이나 작품 사진을 촬영할 때 주로 사용하는 카메라인데 요즘에는 1인 방송에도 자주 쓰인다. 카메라 자체가 묵직하고 중량감이 있어서 보조 장치를 착용하고 촬영하는 것이 일반적인데, 어깨걸이(숄더그립, 숄더리그, 숄더스트랩 등)와 마이크를 장착하고 렌즈를 다양하게 바꿔 가며 촬영할 수 있다는 점이 장점이다.

웹캠은 오래 전부터 사용되어 온 컴퓨터용 카메라이다. 초창기 인터넷 방송이나 화상 채팅용으로 사용되었다가 요즘엔 1인 방송용으로도 사용된다. 노트북에는 내장된 카메라가 있어서 별도의 웹캠은 필요 없는 경우가 많다. 웹캠은 주로 USB 케이블로 컴퓨터 본체와 연결해서 사용한다.

스마트폰 카메라는 효율성, 편이성, 휴대성, 조작성 등에서 여러모로 편리한 카메라이다. 다만, 동영상에 적용할 수 있는 보정 효과 등이 제한적이어서 콘텐츠를 완성도 있게 만들려면 다소 아쉬운 부분들이 없지 않다. 원거리 촬영에서는 화질이 낮아지는 등의 부족한 면이 있는데, 그 대신 근거리 접사(가깝게) 촬영 등에서는 유리하다.

액션캠은 방송가에서도 많이 사용하는 카메라이다. 요즘에는 기술력이 좋아져서 피사체(촬영 대상)가 움직이거나 소리 나는 방향으로 카메라가 자동으로 움직이며 촬영되는 기능들도 있다. 자전거를 타는 상황이나 달리기, 번지점프 등 스포츠 촬영 현장에서 주로 사용한다.

디지털 카메라는 영화 촬영용 카메라이기도 하고 일반 방송가에서도 주로 사용하는 카메라이다. 해상도가 매우 높고 조명의 유무, 극한 날씨 상황 등 카메라가 보완해 주는 최신 기능들이 많은 것이 장점이지만 가격대가 고가라서 일반인이 장만해서 촬영하기에는 무리가 있다. 기능들도 전문가용으로 구현되는 것이라서 특수 효과를 위한 방송 프로그램 제작 등에 주로 사용된다.

▶ 찐~Tip 영상 화법에 대해 간략하게 알아 두자

'영상 화법'에 대해 알아 두자. 이는 1인 방송 진행자나 동영상 콘텐츠를 만드는 제작자에게 매우 중요한 부분이다. 말하자면 '영상 화법'이란 '동영상 화법'이라고도 부를 수 있는데, '카메라를 보며 말하는 방법' 또는 '연출자가 시청자에게 전하고자 하는 메시지를 동영상으로 표현하는 방법', '동영상을 시청하는 시청자가 갖는 생각'을 가리킨다.

이를 테면 동영상을 시청하는 시청자들에게 동영상으로 메시지를 전달하는 방법을 가리키기도 하고, 동영상 속에서 출연자가 시청자와 대화하는 방법이라고도 볼 수 있다. 동영상이 시청자와 만든 이 사이에 대화를 전달하는 통로로 사용된다는 의미라고 할까. 동영상을 매개체로 하여 제작자와 시청자가, 진행자와 시청자가 서로의 메시지를 이해하고 받아들인다는 의미로 알면 되겠다.

영상 화법을 바탕으로 동영상을 만드는 데 있어서 동영상을 어떻게 촬영하느냐와 어떤 식으로 편집하느냐에 따라 시청자들이 받아들이는 메시지가 달라진다. 오디션 프로그램에서 '악마의 편집'이라고 들어 본 기억이 있을 것이다. 동영상 편집을 어떤 순서대로 해서 어떤 장면에 이어 어떤 장면을 보여 주느냐에 따라 그 동영상을 시청하는 시청자들의 생각에 영향을 준다는 대표적인 사례이다. 다음의 기본적인 상황을 예로 들어가며 영상 화법에 대해 알아 두도록 하자.

❶ 누가 누구에게 이야기할까? 이야기의 주체를 알아보자

동영상은 시청자 입장에서 보인다. 제작자는 보여 주고 싶은 순서대로 보여 주는 것이지만 보고 싶은 대로 보는 것은 시청자의 권리이다. 그래서 동영상은 철저하게 시청자의 입장에서 보인다고 말할 수 있다. 그렇다면 누가 누구에게 이야기하는 것일까?

시청자의 눈은 카메라의 앵글, 즉 각도이다. 시청자는 카메라를 따라간다. 카메라가 비추는 것과 카메라에 비춰진 장면들을 본다. 카메라가 움직이는 이유나 카메라의 클로즈업이나 배경을 신경 쓰지는 않는다. 카메라에 비춰지는 내용들을 보며 스스로 생각한다. 동영상을 시청하며 이야기에 몰입이 되는지 안 되는지는 별개의 문제다.

가령, 어느 영화감독이 '재미있는' 영화를 만들었다고 하자. 이는 누구에게 '재미있는' 영화라는 것일까? 감독에게 재미있는 영화라는 것일까, 아니면 관객에게 재미있는 영화라는 것일까? 관객들 중에서도 어떤 관객에게? 감독을 아는 관객에게? 아니면 영화를 전혀 안 보던 사람, 즉 영화 왕초보에게도 재미있다는 것일까? 그래서 사람들은 그 영화의 평점을 먼저 본다. 영화를 먼저 관람한 사람들의 이야기를 살펴보며 다른 사람들이 그 영화를 어떻게 관람했는지를 확인한다. 시청자(관람객)는 그 영화가 자신에게 맞는지 안 맞는지, 그 영화를 보는 자신이 영화 내용에 공감할 수 있는지 아닌지를 먼저 확인하고 싶어 한다. 그래서 평점과 사람들이 내린 후기를 먼저 보고 싶어 한다. 영화를 본다는 것은 감독의 메시지를 보는 것이 아닌가? 사실, 영화를 본다는 것은 시청자가 무조건적으로 감독의 메시지를 듣는 것은 아니다.

그래서 동영상이란 연출자 또는 제작자가 시청자에게 말하고자 하는 이야기라고 말하기보다는 감독이나 제작자가 시청자가 되어 같이 공감할 수 있는 메시지를 영상으로 풀어 낸 것이라고 말할 수 있다.

감독이나 제작자가 자기 이야기를 영상으로 풀어 낸다고 해서 시청자들에게 호응을 얻을 가능성은 크지 않다. 오히려 감독이나 제작자가 시청자가 되어서 시청자 입장에서 영상을 편집하고 완성하는 것이 중요할 따름이다.

그렇다면 '영상 화법'이란 결국 누가 누구에게 이야기하는 것일까? 연출자가 스스로 시청자가 되어 다른 시청자에게 이야기를 건네며 자신이 의도했던 메시지가 다른 시청자들에게 잘 전달되게 함으로써 '공감'을 이끌어 내는 것이다.

❷ 보는 사람과 보이는 사람의 차이

동영상을 사이에 두고는 시청자(화면을 보는 사람)와 동영상 속에서 말하는 사람(화면에 보이는 사람)이 있다. 물론, 동영상을 만들고도 화면에 보이지 않는 사람(감독. 제작자)도 있지만 말이다. 그런데 시청자와 말하는 사람의 차이는 무엇일까? 보이는 사람과 보는 사람의 차이가 무엇일까?

'화면에 보이는 사람'은 사실 '화면을 보는 사람'을 모른다?

화면에 보이는 사람이 보는 것은 카메라일 뿐이다. 카메라 앞에서 이야기한다. 그런데 화면을 보는 사람들은 마치 화면 속 사람이 자신에게 말하는 것처럼 느낀다. 이는 화면에 보이는 사람이 카메라를 사람으로 여기고 카메라랑 대화해야 하는 이유이다.

"보이는 사람은 카메라랑 대화하는 건데 보는 사람은 보이는 사람의 이야기를 듣는 거네요? 와, 신기하네."

영상 화법의 중요한 포인트이다. 많은 사람들이 1인 방송을 하거나 동영상 콘텐츠를 만들면서 간과하는 부분이기도 하다. 대부분의 사람들이 시청자였을 때는 아무 생각 없이 동영상을 시청하기만 했는데 직접 만들려다 보니까 카메라 앞에 서는 것부터 모든 것이 어색하다는 이야기를 한다. 카메라 렌즈를 바라보며 이야기하는 자신의 모습도 어색하고, 자신의 이야기를 누가 듣는 것인지, 듣기나 하는지, 들어 줄 사람이 있는지도 모르는데 카메라 앞에서 이야기를 계속 한다는 것이 진짜 어색하다고 입을 모은다.

이는 '보는 사람'이었다가 '보이는 사람'이 되고자 할 때 생기는 어려움이다. 때문에 보이는 사람의 입장에서 영상 화법을 설명하자면, 카메라 렌즈를 사람의 눈으로 연상하며 말하는 훈련이 필요하며 자기 머릿속에서 구체적인 특정 인물로 상상한 그 사람과 대화를 하는 것처럼 이루어져야 한다. 예를 들어, 어린이 콘텐츠를 만드는 사람이라면 카메라 렌즈가 어린이(몇 살 정도, 어떤 모습의)라고 생각하며 카메라 렌즈랑 대화를 이끌어 나가야 한다. 영어 학습 방송을 하는 사람은 카메라가 어느 연령대의 어떤 수강생이라고 가정하고 대화를 이끌어 나가야 한다. 그러면 대화가 더 자연스러워지고 메시지 전달이 잘 된다.

❸ 카메라 렌즈 안의 세상은 완전히 다르다

이번엔 카메라 렌즈 안으로 들어가 보자. 보는 사람과 보이는 사람의 차이를 이해했는가? 그렇다면 그 다음 단계는 여러분을 시청하는 사람들이 무슨 생각을 할지, 그들의 머릿속으로 들어가 보는 단계이다. 이를테면 카메라 렌즈 안으로 들어간다고 생각해 보자. 1인 방송에 조금 더 익숙해지면 어렵지 않은 방법이긴 한데 1인 방송(동영상 콘텐츠 제작 포함) 초보자들은 도저히 이해가 안 되는 부분일 수도 있다. 다른 말로 표현하자면 '모니터링의 중요성'이라고 말할 수 있다.

"동영상을 만들고 자기가 시청자 입장에서 먼저 보라는 거죠?"

그렇다. 말소리에 어눌한 부분이 없는지, 의사 표시가 제대로 전달되는지, 자세가 흐트러지지는 않았는지, 카메라 앞에서 몸을 많이 움직이지는 않았는지(촬영하는데 카메라 앞에서 몸을 많이 움직이면 시청자 입장에서는 그 동영상에 집중하기도 어려우며 동영상 자체가 굉장히 어수선하게 느껴진다), 카메라에 비춰지는 화면 전체에서 소품이 이상하진 않은지, 조명이 제대로 비춰지는지, 화면 중심을 잘 잡고 있는지 등을 꼼꼼하게 검토해야 한다.

"TV에서 봤어요. 배우들이 촬영하고 나서 자기가 등장한 장면을 카메라로 와서 보던데요? 그런 거죠?"

카메라 앞에 있을 때와 카메라 뒤에 있을 때는 모든 부분이 확연하게 다르다. 일단은 마음가짐이 달라진다. 카메라 앞에서는 긴장하는데 카메라 뒤에서는 그렇게 편할 수가 없다. 그렇기 때문에 카메라 뒤에서는 자신의 모습을 제3자 입장에서 볼 수있다. 카메라 앞에서는 실수를 해도 보이지 않았지만, 카메라 뒤로 오면 작은 실수도 무조건 크게 드러난다.

'듣는 책'이 인기를 얻으면서 오디오북이 등장하고, 동시에 각 출판사를 비롯한 콘텐츠 제작사들로부터 마이크 수요가 폭증했다. 어떤 출판사는 녹음실을 만들고 마이크를 갖춰 두기에 바빴다. 자사 출간 도서들을 오디오북으로 만들기 위함이었다. 책은 읽는 것이라고 생각하던 관념이 '책은 보는 것'으로 변화하더니 다시 '책은 듣는 것'으로 바뀌는 상황이다. 종이 책에서 동영상 책으로, 동영상 책에서 오디오 책으로 변한다고 할까? 가히 '책'에 대한 고정 관념이 변모하는 시대이다.

동시에 유튜브에서도 마이크 수요가 폭증했다. 콘텐츠라면 동영상을 생각하던 것에서 탈피, 오디오(소리)만으로 만드는 콘텐츠가 등장했고 인기를 끌었다. '귀' + '오르가즘'이라는 단어를 섞어 '귀르가즘'이라고 불리기도 하는 ASMR(Autonomous Sensory Meridian Response, 자율 감각 쾌락 반응)은 유튜브 콘텐츠로서 더욱 활성화되었다. 이로 인해 마이크의 중요성은 더욱 부각되었다.

"좋은 마이크가 따로 있나요?"

마이크에는 지향성 마이크, 단순히 소리를 모아서 전달하는 확성용 마이크, 잡음을 걸러 주고 원하는 소리만 모아서 전달해 주는 마이크 등 그 종류가 여러 가지이다. 길다란 막대 형태, 동그란 공 형태 등 형태들도 다양하다.

'지향성'이란 '마이크가 가리키는 방향의 소리만 골라서 잡는다'는 뜻이다. 마이크를 오른쪽으로 향하게 두고 사용하면 마이크 앞(오른쪽)에서 발생하는 소리를 흡수하는 식이다. 그러나 DSLR 카메라에 내장된 마이크, 스마트폰에 내장된 마이크로도 콘텐츠를 제작하기에 큰 무리는 없다. 따라서 단순히 좋은 마이크를 사기 보다는 자신이 만들려는 콘텐츠에 따라 마이크를 선택하면 좋겠다.

ASMR 해도 될까요?

오디오 이야기를 하다보면 자연스럽게 ASMR을 강조하게 된다. ASMR용으로는 콘덴서 마이크를 주로 사용한다. ASMR은 사람들이 평상시에 모르고 스쳐 지나갔던 소리를 집중해서 부각시켜 줌으로써 인기를 얻었다. 가령 젤리 먹는 소리, 종이 접는 소리, 처마에서 땅으로 빗방울 떨어지는 소리 등처럼 평소에 놓치고 듣지 못했던 미세한 소리들을 콘텐츠로 만들었다. 마이크의 중요성은 ASMR로 인해 더욱 부각되었다고 해도 과언이 아니다.

'ASMR 콘텐츠를 해도 될까?'라는 질문에는 당연히 '해도 된다'라고 말한다. 왜냐하면 이미 상당수의 고정 팬층이 형성된 콘텐츠이기 때문이다. 이제는 누가 ASMR 콘텐츠를 잘하는가의 문제가 아니다. 어떤 ASMR 콘텐츠가 새로 나왔는가가 중요한 부분이다. 아이디어가 있고 남들이 잘 모르는 새로운 소리가 있다면 ASMR을 시도해도 좋다.

"마이크가 있으면 스피커도 필요하겠네요?"

마이크가 있다면 스피커도 있어야 한다. 스피커는 좋은 스피커를 장만해야 한다기보다는 콘텐츠의 오디오를 들어 본다는 용도로 사용하면 충분하다. 시청자들이 좋은 스피커를 갖고 있다면 콘텐츠를 만드는 사람도 좋은 마이크와 오디오를 고려해서 만들어야 하고 좋은 스피커로 어떻게 들리는지 모니터링을 해야 하지만, 대다수의 시청자들은 스마트폰에서 동영상을 시청하며 이어폰으로 소리를 듣고, 특별한 경우가 아니라면 오디오 품질에 민감하지 않기 때문이다. 상대적으로 스피커의 역할은 이차적인 요소로 본다.

다만 모니터링을 하면서 스피커에서 나오는 오디오와 동영상 속 화면이 일치되는지 확인하는 것이 중요하다. '싱크로율'을 확인해야 한다는 의미이다. 애써 콘텐츠를 제작했는데 동영상 속 사람의 입 모양과 스피커에서 들리는 오디오가 서로 일치되지 않는 경우(싱크가 맞지 않는 경우)가 생기면 그만한 낭패도 없다.

▶ 찐~Tip 시청자들이 구독을 누르는 마음 이해하기

스피커에서 나오는 소리를 들을 때는 눈을 감고 소리만 들어 보는 것도 중요하다. 이는 시청자들의 마음을 이해해 보는 과정 중 하나이다. 특히, '구독하기', '좋아요를 눌러 주세요'라는 멘트를 할 때의 음성이 어떻게 들리는지 살펴보자. 시청자에게 충분히 어필되는 그러한 음색인지 판단해 보자. 내가 시청자라면 그 멘트를 듣고 좋아요와 구독을 누를 것인지 판단해 보자.

이 단계에서는 시청자들이 듣기에 진정성이 느껴지지 않는지, 콘텐츠가 재미가 없는지, 오히려 구독과 좋아요를 눌러 달라는 말이 시청자들로 하여금 거부감을 느끼게 하는 것은 아닌지 등등을 체크해야 한다. 시청자로서 시청자들의 마음을 이해해 보자.

내게 필요한 '간단한 기술'

: 카메라의 화질을 만드는 방법과 메이크업 기술

SUBSCRIBE 🔔

'장비'가 준비되었는가? 놓치고 지나갔던 궁금증도 해소되었는 가? 지금은 본론에 들어가기에 앞서 워밍업 단계를 거치는 중이라고 생각하자.

이번에는 '간단한 기술'에 대해 알아 두자. 스마트폰을 꺼내도 좋다. 컴퓨터 앞에 앉아서 카메라를 켜도 좋다. 노트북을 켜고 내장 카메라를 쳐다봐도 된다. 그 외에 모든 카메라를 켜고 컴퓨터 앞에 앉아보자. 1인 방송이나 동영상 콘텐츠 만들기에서 유용하게 사용할 수 있는 간단한 기술이다.

 ① 카메라의 화질을 만드는 방법

카메라의 화질은 여러분이 어떻게 할 수 있는 것이 아니다. 좋은 (기능이 많은) 카메라를 사면 다양한 기능을 쓸 수 있고 그렇지 않은 카메라를 사면 상대적으로 적은 기능을 쓸 수밖에 없다. 물론 좋은 카메라라고 해서 콘텐츠를 잘 만드는 것은 아니다. 도구가 문제가 아니라 사용자의 문제이니까 말이다.

카메라 성능의 한계가 있어도 그 안에서 최대치의 화질을 뽑아낼 수는 있다. 동영상 콘텐츠를 시청한다고 생각해 보자. 여러분이 시청자라면 흐릿한 영상은 볼 마음이 생기지 않을 것이다.

초점(카메라 화면에서 시선을 두는 곳)은 카메라를 놓고 그 앞에 앉아 맞추면 된다. 그렇다면 카메라 화면에 콘텐츠를 맞추는 방법은 무엇일까? 콘텐츠는 등장 인물의 동작에만 국한되는 것이 아니다. 카메라 화면 전체에 보이는 내용이 콘텐츠이다. 시청자 입장에서는 눈에 보이는 화면 전체가 콘텐츠라는 의미이다.

카메라 화면에 콘텐츠를 맞추는 방법은 간단하다. 움직이면서 동작을 바꿔 보며 카메라 앵글 안에서 움직인다. 카메라 앵글이 어디서부터 어디까지인지 '감각적으로' 행동반경을 기억해 둔다.

가령 여러분이 방에서 촬영한다고 해 보자. 카메라 앵글이 비추는 방의 범위가 있다. 여러분은 카메라 앵글은 잘 모르더라도 방의 어디서부터 어디까지 카메라 화면에 비춰진다는 것은 알 수 있다. 그러면 그 안에서만 움직이면 된다. 이것이 카메라 화면에 콘텐츠를 맞추는 방법이다.

　이는 자동차를 운전한다고 생각하면 비슷하다. 후진이나 좌우회전을 할 때 운전에 능숙한 사람들은 감각적으로 핸들을 돌린다. 반경을 몸으로 알고 있기 때문이다. 카메라도 마찬가지다. 촬영에 점점 익숙해지다보면 카메라 앵글을 염두해 두고 그 안에서 행동을 한다. 경험이 쌓이면 자연스럽게 어떤 앵글과 어떤 행동이 좋은 화질로 담기는지 안다.

　앵글을 확인하며 초점을 맞추었다면 그 다음에는 화질에서도 '선명도(화면의 흐리거나 번짐이 없는 정도)'를 확보해야 한다. 예를 들어, 화질(기계적 의미의)에서 피사체들의 선명도가 있으면 또 다른 의미로 화면에서 시야에 잘 드러나는 선명도(눈에 잘 띄는)가 있다. 검정색과 노랑색이 함께 사용되면 선명도가 높아지는 것과 같다. 이러한 선명도를 위해서는 배경색을 알맞게 선택해야 한다. 여러분의 주위가 무슨 색인가? 흰색? 노랑색? 분홍색? 밝은 톤인가?

　빛의 3원색(빨강, 초록, 파랑), 색의 3원색(빨강, 파랑, 노랑) 이야기를 들어 본 기억이 있을 것이다. 카메라 렌즈는 아무리 발전한다고 해도 도구일 뿐이다. 사람의 눈처럼 완벽할 수 없다. 위에서 이야기하는 선명도(눈에 잘 띄는) 관점에서 더욱 그렇다. 또한 빛의 3원색은 섞으면 섞을수록 밝아지는 경향이 있다. 색의 3원색은 어떻게 섞느냐에 따라 모든 색을 만들 수 있다.

따라서 카메라 앞에서 빛의 3원색을 적절히 활용한다면 선명하고 밝은 느낌의 동영상을 만들 수 있다. 단, 배경 색상을 빨강, 노랑, 파랑으로 배치할 때는 주의해야 한다. 색의 간섭이 생기면서 화면에서는 다른 색상들이 드러날 수도 있다.

 ## ② 카메라용 메이크업이 따로 있다

1인 방송인들을 위한 전문 헤어샵이 따로 있다. 그곳에서는 카메라 특성을 고려하며 화면에 잘 나오게 메이크업해 준다. 하지만 방송을 막 시작한 초보자들이 그런 곳에 찾아가기에는 금전적으로 부담이 크다. 그렇다고 메이크업의 기술을 잘 모르겠다고? 괜찮다. 지금부터 알아 두면 된다. 다만, 가장 중요한 요소가 조명이라는 점은 기억해 두도록 하자. 메이크업은 카메라와 조명과 서로 조화롭게 뒤섞여야 하는 기술이다.

유명한 배우가 있다. 평소에 보는 모습도 예쁘다. 그런데 TV 드라마나 영화에 나오면 더 예쁘게 보인다. 무슨 차이가 있어서 그런 것일까? 현장에 있는 사람들은 안다. 조명 덕분이다. 이 배우를 위한 조명이 따로 있다. 그래서 이 배우는 화면에서 훨씬 더 예쁘게 나온다.

조명을 쓰기가 힘들어 보정 앱 사용 가능 여부에 대해 물어보는 이들이 있는데 가능하다. 보정 앱이 큰 인기를 끌면서 1인 방송에도 사용하는 사람들이 많아졌다. 여러분도 쓴다고 해서 뭐라 할 것은 아니다. 그런데 보정 앱을 사용할 때는 조심해야 하는 경우가 있다. 실수로 앱을 껐을 때이다. 보정 앱을 항상 켜 두고 사용하면 괜찮다. 하지만 만에 하나 보정 앱을 끄고 있어야 한다거나, 켜 두는 것을 잊어버리고 카메라 앞에 앉는 날에는 여러분의 모든 민낯이 그대로 드러나게 될 것이다.

보정 앱은 A라는 사람을 전혀 다른 B라는 사람으로 바꿔 준다. 눈을 크게, 입술은 도톰하게, 얼굴형은 갸름하게 보이도록 만들어 준다. 사람의 얼굴을 파악해서 전형적인 미인 미남 얼굴로 변형해 준다. 물론 카메라에 비친 사람은 실제 모습이 아닌 경우가 대부분이다. 심지어 남자를 여자로, 여자를 남자로 성별을 바꿔 보여 주기도 한다. 많이 알려진 보정 앱들이 있으므로 이 책에서는 굳이 소개하진 않는다. 스마트폰 앱이나 컴퓨터 프로그램 검색을 하면 쉽게 찾아낼 수 있다.

항상 보정 앱을 켠 상태에서 방송을 하고 콘텐츠를 만들 것이라면 당연히 사용해도 된다. 하지만 팬미팅을 계획하고 있거나 TV 채널 진출을 생각하거나, 오프라인 행사를 공략하려고 한다면 보정 앱은 되도록 절제하기를 추천한다. 실물과 다른 모습을 바라보는 시청자들이 '속았다'는 기분을 갖고 당신으로부터 뒤돌아서게 만들 가능성이 높다. 그러니 보정 앱을 이용하지 않는 이상 가장 현실적으로 쓸 수 있는 보정 효과는 바로 조명을 이용하는 것이다. 이제 조명을 이용하는 방법에 대해 알아보자.

❶ 카메라와 조명의 방향 정하기

우선 조명의 방향이다. 조명의 방향을 정하기 위해서는 자연스럽게 먼저 카메라의 방향을 정해야 한다. 카메라를 정면에 1개 두었는가? 그리고 다음 카메라는 없는가? 웹캠이나 스마트폰 카메라를 쓰는가? 여러분은 어떤 색상의 옷을 입고 있으며 어떤 색상 톤의 배경 앞에 있는가? 이런 요소들을 바탕으로 카메라 화면을 살펴보며 모니터링을 해 보라. 제일 마음에 드는 위치를 잡는 것이 중요하다.

카메라는 무조건 당신의 정면에 둬야만 하는 것이 아니다. 여러분의 정면, 좌측, 우측에 둬 보기도 하고 15도씩 각도를 옮겨 가면서 화면에 비춰지는 여러분의 모습을 확인하
자. 특정 부분에서 여러분의 마음에 드는 '새로운' 얼굴이 분명히 나올 것이다. 그러면 카메라를 그곳에만 두고 사용하면 된다. 그 상태에서 조명을 설치한다.

조명은 크기가 중요하지 않다. 조도가 중요한 것도 아니다. 여러분의 얼굴에 그림자가 안 생기게 해 줄 정도면 충분하다. 필자가 제안하는 방법은 다음과 같다. 조명을 여러분의 좌측과 우측에 1개씩 두고, 다른 2개는 여러분의 뒤 좌우측에 1개씩 아래에서 위로 비추도록 놓자. 조명이 앞뒤에서 서로 만나게 배치하면 카메라 안에 있는 사람에게서 그림자가 사라진다. 화면은 평면이지만 입체감이 생긴다.

❷ 조명은 몇 개가 적당할까?

조명은 최소 4개를 설치하기 바란다. 앞쪽 좌우에 1개씩, 뒤쪽에서 앞으로 비추도록 좌우에 1개씩이다. 더 설치할 수 있다면 상하좌우 공간에 1개씩 더해서 각 공간마다 2개씩 놓고 사용해 보자. 정육면체 안에 여러분이 들어간 모습을 상상해 보면 된다. 조명이 대각선 방향에서 여러분을 비추는 상태라면 피부 톤도 뽀얗게 표현된다.

❸ 인형 이용하기

카메라와 조명 설치, 카메라 앵글 안에서 움직여 보며 자리 잡기. 혼자서 이 모든 것을 해야 한다면 인형을 먼저 앉혀 놓고 카메라랑 조명을 바꿔 가며 조절해 봐도 된다. 카메라에 인형이 제일 잘 나오는 위치를 잡거든 그 자리에 앉아 본다. 그리고 촬영을 하면서 그때그때 모습을 모니터링하도록 한다.

❹ 알아두면 도움되는 카메라용 메이크업

조명과 카메라를 설치했다면 그 다음에는 메이크업을 해야 한다. 피부 톤은 되도록 밝은 톤으로 하면 좋다. 흰 피부를 보이고 싶다 해서 피부 톤을 하얗게 올리는 것은 금물이다. 카메라와 조명을 조절해서 피부 톤을 조절할 수 있고 밝게 나오게도 할 수 있으니 이 방법을 사용하자. 피부 톤을 밝게 나오게 하려면 카메라용 메이크업을 할 때 색조 화장을 강조하도록 한다. 입술과 눈, 콧대(티존 : T-zone) 부위를 살려주면서 카메라로 메이크업한 모습을 확인해 보자. 조명을 받은 얼굴이 이목구비가 또렷하고 화사하게 나올 것이다.

카메라용 메이크업은 얼굴이 작아 보이게 하는 것이 관건이다. 따라서 얼굴에서 최대한 살릴 부분만 골라서 흰 톤으로 라인선을 정해 표현해 주고, 다른 부분은 어두운 톤으로 정리해 주자. 카메라에 비춰지는 얼굴은 흰 톤으로 올린 곳 위주로 자연스럽게 표현된다.

그 외에 가능하다면 A4용지를 몇 장 준비해서 카메라 아래쪽에 얼굴 쪽을 향해서 비스듬하게 놓고 책상 밑에도 비스듬하게 놓아서 카메라 화면에 나오는 몸에 빛이 비춰지도록 하자. 일명 '반사판'이라고 보면 된다. 반사판이라고 해서 무조건 '거울'을 쓰는 것은 아니다. 흰 종이면 된다. 흰 종이를 얼굴 주위에 비스듬하게 놓으면 빛이 반사되어 느낌 좋은 흰 톤으로 얼굴을 비춰 준다.

카메라와 조명을 어떻게 쓰느냐에 따라 화면에 비춰지는 모습이 달라질 수는 있지만, 이는 진실과 거짓의 문제가 아니라 콘텐츠의 측면에서 꾸미느냐 안 꾸미느냐의 차이로, 가능하다면 허용되는 부분이다. 우리가 종이에 그리는 것을 '그림'이라고 부르듯이 방송가에서는 카메라 화면에 보이는 모습도 '그림'이라고 부른다. 그래서 카메라 속 모습은 '꾸며야 하는 모습'으로 당연하게 생각하는 측면이 없지 않다.

시청자 입장에서도 크게 다르지는 않다. 시청자들은 자신들이 원하는 모습을 보려고 한다. 연출자나 제작자가 보여 주는 화면만을 보고 만족하려 하지 않는다. 다큐멘터리를 보는 것이 아닌 이상, 1인 방송이나 동영상 콘텐츠는 '상품'이라고 봐야 한다. 시청자가 고르는 그림으로서 말이다.

내게 필요한 '장소'
: 1인 방송은 어디서 하나요?

1인 방송인들이 급증하면서 방송 장소도 다양하게 변했다. 초창기에는 자기 집의 방에서 책상 위에 웹캠 하나 켜고 방송하는 사람들이 대부분이었다면 지금은 스마트폰을 들고 어디에서나 방송을 한다.

생방송이 안 되는 경우에는 현장에서 미리 동영상을 촬영해 놓고 나중에 업로드하기도 하는데, 국내는 물론이고 아시아 권역과 유럽 곳곳의 현지 모습도 콘텐츠로 올라온다. 심지어는 중앙아시아 초원이나 몽고 지역도 나온다. 방송 장소의 한계는 사라진 지 오래이다.

"그러면 제가 촬영하고 싶은 곳이라면 아무 데서나 해도 될까요?"

당연하다. 단, 주의할 점이 있다. 바로 지식재산권 부분이다. 타인의 권리를 침해하는 곳에서의 촬영은 불가능하다. 거리 간판은 디자인이나 상표권 문제가 생길 수 있으며, 가게 내부는 인테리어 저작권 문제가 생길 수 있다. 공원이라고 하더라도 누군가의 조형 저작물이 있을 수 있는 등, 타인의 지식재산권을 침해할 수 있는 장소는 피해야 한다. 타인의 주거권이나 조망권, 일조권 등 사생활을 보호받는 장소 에서도 사전 승인이 없다면 촬영 자체를 계획하면 안 된다.

방송 장소는 카메라를 들고 가는 곳이다. 때문에 타인의 초상권 문제에도 민감하다. 의도하지 않았더라도 타인의 동의 없는 촬영이 이뤄질 경우 법적 책임을 부담해야 할 소지도 생긴다. 그러므로 방송 장소에서의 촬영에 대해 기본적인 사항을 미리 알아 두도록 하자.

 ❶ [집]에서 방송할까요?

최근에는 방송 장소로 자기 집이 아니라 임대를 해서 빌린 집에서 촬영하는 경우도 많다. 이런 경우는 빈집을 빌려서 인터넷을 설치하 고 컴퓨터랑 카메라 등 장비를 세팅해 두고 촬영을 한다. 이런 곳에서 촬영하는 사람 대부분은 1인 방송이자 게임방송을 하는데 이따금씩 초대손님을 불러서 성인방송 콘텐츠를 하기도 한다.

어떤 사람은 실제 자기 집, 자기 방에서 방송을 한다. 이 경우는 방이 좁다보니 카메라를 책상 위에 놓고 창가쪽으로 향하게 해서 한 정된 부분만 보여 준다. 방송에는 창문과 진행자와 책상 일부가 보일 뿐이다. 이 사람의 주요 콘텐츠는 시청자들과 나누는 대화이다. 물론,

게임방송을 하는 경우도 대부분의 장소가 집이다. 게임방송은 게임 화면을 크게 띄워 두고 진행자(게이머)의 모습은 작은 창으로 한쪽 모서리에 노출시킨다. 컴퓨터에서 이뤄지는 게임 화면을 보여 주는 것이 대부분이기에 장소는 크게 상관이 없어서 집에서 할 때가 많다.

'집'은 1인 방송을 시작하기에 최적의 장소이다. 자기 방, 거실, 심지어는 옥상에서도 방송이 가능하다. 콘텐츠로는 게임도 좋고, 대화나 음악 콘텐츠도 좋다. 교육 관련 강의 콘텐츠도 가능하다. 코로나바이러스 확산처럼 전염병 우려가 있는 상황에서는 집이 가장 안전하고 효율적인 방송 장소이기도 하다.

② [스튜디오]에서 할까요?

여러분이 생각하는 스튜디오는 어디인가? 화려한 조명? 무대와 관객석이 있는 곳? 대중교통을 타고 가야만 하는 곳? 출입문이 있고 안으로 들어가면 주조정실과 부조정실, 출연자 대기실이 있고 촬영장 세트가 놓여 있는 그런 곳을 연상하는가? 물론 그런 스튜디오도 있다. 하지만 1인 방송에서 말하는 스튜디오라는 개념은 약간 다르다.

A라는 회사 사무실이 있다. 한쪽에 부스처럼 생긴 작은 공간을 여러 개 만들어서 그 안에 컴퓨터랑 모니터를 한 대씩 놓아 두었다고 생

스튜디오 사진 ⓒ이영호

각해 보자. 한 사람이 앉으면 공간이 꽉 찬다. 바로 이곳이 A회사의
스튜디오이다. 전체적인 형태가 고시원의 모습과 비슷하다고 할까?

최근에는 이런 회사들이 부쩍 늘어났다. 이런 회사도 유튜브에서
채널을 운영하는 회사이다. 이곳에 채용된 직원들은 정기적으로 시
간을 정해 두고 각자 부스에 들어가서 게임을 하며 시청자들과 대화
를 나누는 것이 일이다. 이런 형태도 1인 방송이긴 하지만 회사에 고
용된 사람들로서 회사로부터 급여를 받거나 회사랑 수익을 나누는
구조이다.

다른 사무실로 가 보자. B 사무실은 넓은 공간에 세트를 여기저기
세워뒀다. 각 세트는 원룸으로 꾸며져 있다. 직원들이 출근한다. 방송
시간에 맞춰 집에서 입는 평상복으로 갈아입는다. 그리고 세트로 들
어가서 방송을 한다. 시청자들이 보기에는 영락없이 집인데 사실 알

고 보면 회사 사무실이다. 이곳 역시 회사 한 곳에 마련된, 집처럼 생긴 스튜디오인 셈이다.

1인 방송이 확산되면서 방송계에서 스튜디오의 개념이 달라지고 있다. 그야말로 콘텐츠를 생산하는 곳으로 개념이 확립되었다. 그 공간이 원래 어떤 공간인지는 중요하지 않다. 집도 스튜디오이고 길거리도 스튜디오이다. 이제 스튜디오라는 공간은 굉장히 폭넓은 개념이다. 기본적인 환경이 갖추어져 있고 콘셉트에 맞는 공간이면 어디든지 스튜디오라고 할 수 있다.

 ③ [길거리]에서 생방송하기?

'야외방송'이라는 방송 분야가 있다. 게임방송과 집 방송이 많아지자 진행자들은 어느 순간부터 길거리로 나가기 시작했다. 이는 차별화를 주려는 시도였다. 그들은 길에서 노래방 콘텐츠를 운영하고, 버스킹 콘텐츠도 만들었다. 거리에서 이성에게 다가가 같이 방송하는 콘텐츠도 만들어 인기를 끌었다. 시청자들이 이런 색다른 포맷에 관심을 기울이기 시작하면서 많은 이들이 비슷한 콘텐츠를 내놓기 시작했다.

그런데 곧이어 놀라운 사실을 알 수 있었다. 거리에서 섭외한 이성들이 실상은 미리 섭외된 사람이었고 마치 길거리에서 첫 만남을 한 것처럼 연기를 해서 콘텐츠를 만든 것이었다. 1인 방송의 형태가 초창기에는 있는 그대로의 솔직한 내용을 전하는 것이었다면 어느 순간부터는 잘 짜인 각본에 의해서 연출되는 상품으로서의 프로그램 형태가 되었음을 보여 주는 대표적인 사례이다(단, 이 경우에는 사전 고지를 꼭 해야 한다. 미리 시청자들에게 고지를 하거나 화면에라도 자막을 냈다면 속임수 방송은 아니다. 콘텐츠는 '다큐멘터리'가 아닌 이상 모든 것에 대본이 들어가는 일종의 '상품'이기 때문이다).

아무튼 이런 콘텐츠는 '집'에서 '길거리'로 장소가 달라졌을 뿐이었다. 집에서는 집에 어울리는 대본과 프로그램이 있고 길거리에서는 길거리에 걸맞는 대본과 출연자들이 있을 뿐이었다.

"아하, 그렇네요. 그럼 길거리 촬영에서 다른 주의할 점은 없나요?"

앞서 말했듯이 저작권 문제를 고려해야 한다. 식당이나 상점의 외부는 촬영이 된다고 하더라도 내부는 그곳 사장의 사전 승인을 받아야 하는 경우가 있다. 외부는 누구에게나 보이는 부분이지만 가게 내부는 영업권이자 지식재산권에 해당될 수 있다. 가게 외부라고 해서 무조건 촬영이 되는 것도 아니다. 상표의 노출 문제도 있고 저작권 보호를 받는 부분이 있을 수도 있기 때문이다.

④ [녹화방송]이라고요?

사람들은 성공한 유튜버에 대해 알면 알수록 유튜버의 생활을 동경한다. 유튜버는 하고 싶은 일을 하면서도 높은 소득과 자유로운 삶을 누리는 것이라고 생각하기도 한다. 인기 동영상을 보고, 유튜버의 생방송을 시청하면서 '이 정도는 나도 할 수 있겠는데?'라고 생각한다.

사람들이 특히 귀담아 듣는 부분은 유튜버의 높은 소득이다. 동영상 1개로 조회 수가 얼마를 넘으면 얼마를 번다는 식으로 구체화된 수치까지 확인한다. 많은 이들이 '나도 해 볼까?'라는 마음을 먹는 계기이다.

그런데 그들 중 많은 이들이 다시 뜻을 접고야 만다. 1인 생방송을 하자니 카메라 앞에서 촬영을 하는 것도 어색하고, 얼굴이 안 나오는 콘텐츠를 만들어 올리는 것은 가능할 것도 같지만 그것도 카메라 촬영법이나 동영상 편집을 배워야 한다고 생각하기 때문이다. 어렵다고 느낀다.

하지만 카메라 촬영법이나 동영상 편집 방법은 어려울 것이 없다. 굳이 동영상 편집을 잘해야만 하는 것도 아니고 카메라 앞에서 능수능란하게 진행을 해야만 하는 것도 아니다. 방송을 해 본 적 없는 초보자라면 더더욱 그렇다. 카메라와 대화를 하고 시청자를 화면 앞으로 끌어당기는 것은 1인 방송에서 매우 중요하다. 하지만 1인 방송의 궁극적인 본질은 아니다. 이보다 더 중요한 것은 따로 있다.

오히려 시청자들은 순수하고 가감없이 진실한 동영상 자체에 더 호감을 갖는다. 초보자일수록 경쟁력이 있고 콘텐츠의 대박 가능성이 더 높다고 보는 이유다. 유튜브는 솔직함과 아이디어만 있다면 도전해 볼 만한 분야이다.

필자는 그래서 초보자라면, 동영상 콘텐츠를 만들어 업로드하는 방식으로 시작하라고 제안한다. TV 방송으로 비유하자면 녹화방송이겠다. 카메라 앞에 처음부터 서지 않아도 되고 진행이라는 부담을 갖지 않아도 되므로 좋다. 시청자들이 어떤 동영상을 좋아하는지 충분히 시장 조사를 하고 자기만의 콘텐츠를 기획해서 동영상으로 만들어 업로드하면 될 일이다. 서두를 필요가 하나도 없다. 물론 방송 앱을 사용해서 처음부터 실시간 방송을 시작해도 된다.

동영상도 스마트폰으로 촬영하면 그 자체로도 훌륭한 동영상 콘텐츠가 된다. 스마트폰으로 촬영한 동영상을 컴퓨터와 연결해서 컴퓨터로 옮기고 편집하여 유튜브에 업로드하면 된다. 스마트폰에서 앱을 사용하면 동영상 편집도 얼마든지 가능하지만, 초보자라면 동영상 자체를 그대로 업로드해도 된다. 그렇게 업로드하면 그것이 녹화방송인 셈이니 말이다.

녹화방송이란 것이 반드시 생방송을 저장해서 다시 볼 수 있도록
업로드하는 것을 가리키는 것만은 아니다. 유튜브 채널을 만들었다면
자신이 만든 동영상을 업로드해서 다른 사람들이 볼 수 있게 하는 그
자체가 방송이고, 생방송이 아니면 녹화방송이 되는 식일 뿐이다.

▶ 찐~Tip 1인 방송용 가구를 사야 할까?

인기 유튜버들이 출현하면서 그들을 선망하는 사람들이 나타났다. 그들은 인기
유튜버들이 사용하는 가구들에도 관심을 가졌다. 인기 유튜버가 되고자 하는 사람들
이 인기 유튜버의 모든 것을 따라하려는 마음에서 비롯된 것이었다. 그래서 어느 유
튜버가 앉는 의자가 인기라는 소문이 돌고 다른 유튜버들이 너도나도 그 의자를 주
문하는 일도 생겼다. 덕분에 그 의자 회사는 때아닌 호황을 누리기도 하였다. 그런데
과연 그 사람들은 그 의자를 사야만 했을까?

물론 아니다. 좋은 콘텐츠란 의자가 아니라 진행자 자신에게 달린 문제이다. 어
쩌면 일종의 팬심에서 비롯된 현상일 수도 있겠지만 말이다. 한 가지 재미있는 일은
지금도 왕성하게 활동하는 유튜버들의 화면을 보면 그 의자가 종종 보인다는 점이다.

여기까지 1인 방송과 동영상 콘텐츠 제작자를 위하여 유튜버로서의 준비 상식
을 알아보았다. 이 책을 읽는 여러분 중에는 왕초보나 컴맹이 없다고 생각하기에 대

략적인 주요 포인트만을 추려서 설명했다. 혹시라도 유튜브의 기초와 가입 방법 등 기본적인 내용에 대해서도 학습하기 원한다면 『돈 버는 유튜브 처음부터 제대로 만들기(혜지원)』를 참조해 주기를 바란다.

다음 파트부터는 본격적으로 구독자 늘리기에 대해 설명하려고 한다. 과연 내 채널의 찐 구독자 수를 늘리려면 어떻게 해야 하는지에 대해 알아보자. 여러분의 전략과 비교하여 무엇이 장점인지 알아 두는 기회가 되기를 바라는 마음이다.

내가 올린 동영상의 조회 수가 1이 되었다면 과연 누가 읽은 것일까?
내가 만든 동영상은 유튜브에서 어디에 어떻게 보일까?
시청자들은 내 채널에 어떤 식으로 찾아올까?

구독자 수 늘리기에 필수적인 요소들을 짚어 가며 나름의 가이드를 제시하므로 여러분의 채널에 어울리는 방법을 선택하여 사용하면 좋겠다. 필자는 여러분 채널에 구독자 수가 늘어나기를 바라는 마음이 전부이다.

PART

3

100만 구독자? 조회 수 0부터 시작하는 시장조사

: 인기 콘텐츠 기획
시청률에 대해 알아 두자

콘텐츠 기획의 기초
: 인기 콘텐츠 만들기도 한걸음씩

인기 콘텐츠란 무엇인가?

많은 사람들이 시청하는 콘텐츠를 의미한다.

인기 콘텐츠를 만들려면 어떻게 해야 할까?

사람들이 좋아할 만한 콘텐츠를 만들면 된다.

근데 어떻게 만들지?

유튜브를 처음 시작하는 사람들은 보통 위와 같은 고민을 한다. 여기서 콘텐츠의 혁신(무조건 새로운 콘텐츠여야 한다는 것)은 문제가 아니다. 관건은 많은 사람들이 좋아해 주고 봐야 하는데 어떤 콘텐츠를 만들어야 인기를 얻을지에 대한 고민이다.

'동영상을 만들고 어떤 프로그램을 써서라도…. 가짜 조회 수라도 확 늘리면 인기 콘텐츠인줄 알고 다른 사람들도 많이 보지 않을까? 채널 구독자 수도 프로그램으로 늘리면 어떨까?'

어느 경우에는 어뷰징(Abusing)[1]을 시도하려는 위험한 발상까지 한다. 어뷰징은 선의의 사용자들에게 피해가 갈 수 있는 부당하고 불공정한 행위이므로 절대로 해서는 안 되는 짓이다. 어뷰징을 한다고 하더라도 요즘에는 사람들이 금방 알아차리므로 오히려 채널의 신뢰성을 떨어뜨리는 행위가 된다는 점도 기억하자. 인기 콘텐츠 기획, 그렇다면 뾰족한 방법이 없는 것일까?

TV 시청률을 참고로 살펴보자. 여러분이 익히 시청해 온 TV 프로그램은 시청률이 대단히 중요하다. 시청률에 따라 광고료가 책정되기에 인기 프로그램(콘텐츠)을 만들면 광고료 수입이 증가하고 그 프로그램(콘텐츠)을 만든 제작진(PD, 작가 등)은 능력을 인정받는다. 방송가에서 시청률을 생명이라고 부르는 이유이다.

시청률은 초단위 순간 시청률, 1분 시청률, 동시간대 프로그램 시청률 등으로 구분된다. 지상파 3사, 케이블 채널, 종합 편성 채널(종편) 등의 많은 방송사들이 시청률을 놓고 경쟁을 벌이는 구조이다. 인기 스타를 섭외하느라 노력하고 인기 작가를 구하고 인기 프로듀서를 영입하느라 고액 연봉을 제시하며 스카우트 전쟁을 벌이기도 한다. TV 방송국에서도 '인기 콘텐츠'를 기획하느라 모든 노력을 아

---

1) 어뷰징 : 영어 Abuse(오용, 남용, 학대)에서 파생된 단어로 프로그램상 버그, 해킹, 타인 계정 도용, 다중 계정 접속을 하는 행위이다. 동영상 플랫폼에서는 임의의 계정을 만들어서 마치 실제 사용자가 시청한 것처럼 조회 수를 높이거나 그 채널에 구독자를 만들어 주는 행위 등을 의미한다.

끼지 않는다.

그런데 TV 방송가에는 불멸의 인기 콘텐츠가 있다. 그 콘텐츠는 바로 '음악'이다. 음악은 어린이들부터 어른들, 노년층까지도 좋아한다. 인터넷 동영상 플랫폼에서도 음악 콘텐츠가 인기이듯이 TV방송가에서도 다르지 않다. 그래서 자세히 살펴보면 각 TV 채널에서는 음악프로그램이 꼭 한두 개는 있다는 사실을 알 수 있다. 이 점에 주목해 보자. 만약 여러분이 방송국 PD라면 어떤 음악 프로그램을 기획할 것인가?

"에이, 음악 프로그램이 너무 많은데 경쟁이 너무 치열하잖아요? 뭔가 색다른 걸 해 보면 그게 더 경쟁력이 있지 않을까요?"

물론 틀린 이야기는 아니다. 하지만 이 단락에서는 음악 프로그램의 홍수 속에서도 새로운 음악 프로그램을 기획하는 방법에 대해, 즉 콘텐츠의 홍수 속에서도 새로운 콘텐츠를 기획하는 방법에 대해 설명하고자 한다. 그 예를 음악 프로그램으로 들어 설명해 보겠다.

콘텐츠 기획의 순서
: 콘린이(콘텐츠 어린이)로
시작해요

첫째, 콘텐츠 기획을 하기 위해서는 무엇보다 시장조사가 필요하다. '타 방송 채널에는 어떤 음악프로그램이 있는가?'를 살펴야 한다. 대표적으로는 걸그룹, 보이그룹, 일반인 상대 노래 경연 프로그램, 7080 세대 노래 프로그램, 흘러간 가요 프로그램(전통가요)이 있다. 그뿐 아니다. 노래만 듣고 가수를 맞추는 프로그램, 모창 경연 프로그램도 있다.

이렇게 전체 프로그램을 놓고 보니 프로그램 편성은 젊은 층 시청자들에게 어필할 만한 가수들을 중심으로 구성되어 있다는 사실을 알았다. 그렇다면 그다음으로는 알맞은 가수들이 누구일지를 생각해 본다.

젊은 층 대상의 음악 시장에서는 힙합, 랩, 걸그룹, 보이그룹이 레드오션이다. 해마다 오디션이 펼쳐지며 실력파 뮤지션들이 속속 등장한다. 젊은 시청자층을 대상으로 하는 음악 프로그램은 이미 포화된 시장이라서 새로운 프로그램을 만든다고 한들 성공률이 낮을 게 분명하다는 것을 알 수 있다.

둘째, 인기 사례(성공 콘텐츠)를 연구한다. 대형 기획사 출신의 걸그룹 보이그룹 일색이던 가요 시장에 힙합과 랩 오디션 프로그램이 생기고 큰 인기를 얻었다. 이는 기존 가요 시장에서 틈새를 공략한 결과이다. 힙합과 랩이 가요 시장에 주류가 되는 분위기도 생겼다. 힙합과 랩을 하는 스타들도 속속 등장했다.

셋째, 기존 시장에서 성공 사례 분석을 한다. 대형 기획사 출신의 걸그룹, 보이그룹이 TV 방송가 음악 프로그램을 휩쓸던 상황에서 힙합과 랩 오디션 콘텐츠를 만들었더니 새로운 스타들이 대거 등장했다. 기존 가요계의 판도가 바뀌는 기대감마저 갖게 했다. 대형 기획사에서는 앞다퉈 힙합 뮤지션, 랩 뮤지션을 영입하고 판을 키웠다. 기존 걸그룹과 보이그룹은 일정 부분 퍼포먼스 그룹이라는 불명예를 떠안고 일부는 재편이 되었다.

넷째, 새로운 콘텐츠 가능성을 확인한다. 가요 시장을 걸그룹, 보이그룹, 힙합, 랩 뮤지션들이 채웠다. 그런데 전통 가요 시장은 어떤가? 기성가수들이 있긴 하지만 제한적이다. 전통 가요를 부르는 가수들 숫자는 많지 않다. 매번 나오던 사람들이 줄곧 나오는 상황이다.

그렇다면 무엇인가를 확인해 볼 수 있다. 새로운 가수들이 트로트 시장에 진입하기가 어려운가? 기존 가수들이 일종의 기득권을 유지하는 것일까? 아니면 진입 장벽 자체가 높은 것일까? 트로트 팬들은 분명 있다. 그런데 새로운 얼굴들이 좀체 데뷔하지 못해서 그런 것이라면?

오디션 프로그램의 성공 가능성은 앞서 말한 젊은 층 위주의 시장 사례에서 확인한 바 충분하다. 이를 나이대만 옮겨 보았을 때, 트로트를 즐기는 사람들이 많다면 트로트 오디션 프로그램에 실력파 가수들이 나오는 것도 문제 없다. 새로운 스타들이 등장할 것이다. 그런데 가요 프로그램이나 인터넷에서도 트로트 가수들이 새로운 스타가 되었다는 이야기는 찾기 힘들다. 손에 꼽을 만한 가수들만 트로트 가요 시장을 차지하고 있는 것 같다. 그렇다면?

"트로트 오디션 프로그램을 만들자!"

트로트 오디션 프로그램(콘텐츠)은 기존 가요 시장을 분석하고 전통적인 고정 팬층이 두터운 시장을 배경으로 하여 남들이 시도하지 않았던 콘텐츠를 과감하게 도전함으로써 새로운 성공 역사를 써내려가는 중이다. 이 사례에서 보듯이 '인기 콘텐츠'란 세상에 없던 콘텐츠를 새롭게 만드는 것이 아니다. 두터운 팬층(시청자층)을 바탕으로 새로운 포맷(형식)을 내놓는 것이라고 이해하는 것이 적절하다. 손님이 많이 있는 시장에 상품을 내놓는 것이고, 수요가 있는 시장을 찾아서 상품을 공급하는 것이다. 크리에이티브(Creative)라는 것도 '재배치(re-design)'를 의미한다고 보자.

전에 없던 새로운 콘텐츠는 사람들이 낯설어하며, 사람들에게 익숙해지기까지 시간이 오래 걸린다. 우리는 사람들에게 익숙한 콘텐츠를 새로운 나만의 방식으로 제시하는 것이 인기 콘텐츠의 비결이라는 사실을 알아야 한다. 무에서 유를 창조하지 말고, 유에서 유를 창조하자.

▶ 찐~Tip **콘텐츠 기획의 순서**

시장 분석	콘텐츠가 유통되는 시장을 분석한다(제작사, 콘텐츠 종류, 콘텐츠 창작자, 콘텐츠 상품성, 콘텐츠 수익 구조, 유통처, 콘텐츠 유통 기한, 콘텐츠별 수익 순위 등).
수요층 분석	콘텐츠 소비자에 대해 분석한다(콘텐츠 소비처, 콘텐츠 소비 시간, 소비자 연령대, 콘텐츠 소비 순위, 콘텐츠 가격대 등).
진입 장벽 분석	콘텐츠 유통 구조 권력 순위를 분석한다. 콘텐츠 시장의 파워는 누구에게 있는가? 콘텐츠 유통의 파워는 누구에게 있는가? 콘텐츠 홍보의 파워는 누구에게 있는가? 콘텐츠 가격 결정은 누가 하는가?

틈새시장 연구	기존 콘텐츠 시장 대비 공존을 찾는다. 콘텐츠 시장을 건드리지 않는 틈새 시장을 찾는다. 기존 콘텐츠 파워 세력의 영향력을 건드리지 않으며 새로운 소비자 유입을 유도할 수 있는, 시장 자체를 확대시킬 수 있는 영역을 모색한다. 경쟁보다는 파이를 키우는 데 주력한다.
수요에 맞춘 색다른 콘텐츠 출시	소비자들이 목말라하던 틈새에 콘텐츠를 제공한다. 완전히 새로운 콘텐츠가 아닌, 소비자들에게 익숙하고 소비자들이 반길 만한 콘텐츠를 제공한다. 창작이 아니라 개선이 되어야 한다. 고속도로 옆, 경치 좋은 새 길이 된다. 기존 소비자들이 모인 시장에 뿌린다.
대성공	기존 소비자들에게 익숙하면서도 색다른 콘텐츠가 대성공을 이끈다.

게임방송
기획의 기초
: 게이머와 관전자를 배려하기

이번에는 각 콘텐츠의 기획 기초를 알아보도록 하자. 게임방송은 게임을 하는 게이머와 게임을 시청하는 시청자로 구분된다. 게임방송은 시간을 거슬러 전자오락실 시대에서도 찾아볼 수 있다. 오락기 앞에 앉은 사람이 게임을 잘하면 뒤에 사람들이 몰려들어 구경하는 모습이 떠오르지 않는가? 그때는 게임을 하는 사람의 뒤에서 어깨너머로 화면을 보던 친구가 게임비를 넣어 주며 어려운 판을 깨달라고 부탁하는 모습도 볼 수 있었다. 게임을 즐기는 사람들은 어려운 판을 어떻게 깨는지 알고 싶어했고 자연스럽게 게임을 잘하는 사람은 친구들의 우상이 되기도 했다. 요즘의 게임방송 인기 스트리머와 크게 다르지 않은 것을 알 수 있다.

게임방송은 그래서 '어떤 게임에 사용자들이 많은가', '어떤 게임이 실력(전략과 전술)을 필요로 하는가?'를 바탕으로 기획되어야 한다. 이는 많은 사람들이 즐기는 게임을 눈여겨 봐야 한다는 이야기이다.

　그렇다면 손쉬운 기획을 하려면? 새로 나온 게임을 플레이하면 된다. 새로운 게임이 출시되면 사람들은 관심을 갖는다. 어떤 게임인지 알고 싶어하고 각자 해 보기도 한다. 재미있을 것 같으면 플레이하기 시작한다. 그러다가 어려운 단계가 오거나 플레이하기 어려운 지점이 있으면 이때 게임방송을 검색한다. 그들이 하고 있는 게임을 방송하는 스트리머를 찾아서 플레이를 지켜보고 채팅으로 궁금증을 물어보기도 한다.

"프로게이머가 스트리머를 하면 좋겠네요?"

　1세대 게임방송 스트리머로는 전직 프로게이머들이 다수 등장했다. 그들은 자신의 주요 종목이었던 게임을 플레이하며 자신의 팬들과 모였다. 팬들은 게이머와 직접 플레이하기도 하고 팬미팅으로 만나며 친분을 늘려 갔다. 게이머가 플레이하는 시간에는 팬들이 모여 트래픽을 높였다. 팬들이 게임에 참여하면서 그 플랫폼은 트래픽이 증가하고 광고가 들어오기 시작했다. 게임방송 스트리머가 수익을 얻기 시작했다.

　프로게이머와 팬들이 플레이하며 트래픽을 높이는 사이, 일반 사용자들도 속속 게임방송을 시작했다. 일반 사용자들은 전통적인 대작 게임을 플레이하거나 새로 출시되는 신작 게임을 주로 공략하며 채널 시청자들을 늘려 갔다.

일반 사용자가 전문적인 프로게이머가 자리한 게임방송 콘텐츠에서 경쟁력을 갖추려면 차별화 요소가 필요했다. 실력은 프로게이머가 우위에 있으니 게임 실력보다는 말솜씨로 승부를 걸었다. 사격게임에서는 총 한 발을 쏠 때마다 짓궂은 별칭을 붙이며 사격을 했고, 게임 캐릭터 입장이 되어 대화를 나누며 게임 캐릭터들에게 생명력을 불어넣기도 했다. 시청자들은 그들의 방송을 보며 게임 외에도 재미있는 농담을 즐겼다. 때로는 그들의 콘텐츠를 단순한 게임이 아니라 스토리가 담긴 영화처럼 받아들이기도 했다.

정리하자면, 게임방송에는 '고정 팬층(시청자층)'이 있다. 팬을 확보한 상태라는 기득권 면에서 게임방송하는 데 유리한 프로게이머가 있는 반면에 신작 게임이 지속적으로 출시되기에 새로운 게이머들의 등장도 용이하다는 장점이 있다. 게임방송은 고정 팬층과 스타 게이머 및 신진 게이머들이 모이는 방송 시장이다.

게임방송으로 인기 콘텐츠가 되기 위한 경쟁률이 치열하다는 것은 그만큼 사람들이 다양하고 많이 몰려 있다는 의미이다. 여러분이 똑같은 게임 콘텐츠를 갖고서도 어떻게 방송하느냐에 따라 얼마든지 인기 콘텐츠로 만들 가능성은 높다.

가령, A 게이머를 오래 봐 온 사람들은 A 게이머가 방송을 안 하는 사이 다른 게이머를 찾는다. A 게이머는 1년 하루 24시간 내내 게임방송만 하고 살아갈 수는 없다. 그런데 시청자들은 항상 게임방송을 찾는다. 시청자와 게이머 사이의 시간적 틈이 생기는 덕분에 여러분이 인기 콘텐츠를 만들 수 있는 가능성이 생긴다. 그러니 꾸준하고 재미있게 만들자. 여러분이 시청자를 찾지 않아도 게임방송을 찾는 시청자들이 여러분의 채널에 오게 될 것이다.

▶ 찐~Tip 게임방송할 때는 '캡처카드'가 필요해요

캡처카드는 콘솔 게임을 할 때 게임 화면과 사운드를 컴퓨터로 전달해 주는 기능을 담당한다. 사람들이 주로 사용하는 제품에는 PCI 익스프레스 제품, 외장형 및 내장형 카드가 있으므로 여러분의 컴퓨터에 맞는 제품을 사용하도록 하자. 콘솔 게임기의 출력단자(HDMI 포트 등)를 캡처카드에 연결해 주면 된다.

"게임방송을 하는데 화면이 느리면 어떻게 해요?"

게임방송이라면 아무래도 고성능의 컴퓨터 세트를 사용하는 것이 유리하다. 신작 게임들은 그래픽 사양도 높고 속도감이나 화질 측면에서 고도의 성능을 내세우는 경우가 많기 때문이다. 쿼드코어 이상의 사양이면 좋고 지포스 660 버전 이상의 그래픽 카드를 장착하면 무난하겠다. 가격적으로는 10만 원대 제품들이 많이 있다. 다만 비트코인 채굴을 하려는 사람들이 그래픽 카드 가격까지 올려 둔 까닭인지 요즘에는 게임용 컴퓨터를 세팅하려고 해도 가격 부담이 높아졌다. 그래픽 카드의 가격은

당분간은 상승세일 것 같으므로 가격대 측면에서 자기가 원하는 게임방송의 사양에 맞추도록 하는 것도 방법이다.

만약 고성능 장비가 어느 정도 갖춰져 있지 않은 상태에서 진행하면 방송 자체의 진행이 안 될 수도 있다. 게임방송이란 게임 화면을 순간적으로 압축해서 시청자에게 전송해 주며 방송이 진행되는데 부품 성능이 서로 맞지 않으면 게임 화면 속도가 느려질 수도 있고, 시청자는 이에 예민하게 반응하기 때문이다. 한 가지 더 고려해야 할 사항을 추가하자면, 컴퓨터 부품으로는 외장형보다는 내장형 제품을 사용하기를 추천한다. 외장형 제품들은 플랫폼에 따라 노이즈가 생길 수도 있다. 동영상을 인코딩하는 과정에서 생길 수 있으므로 여러분이 선호하는 플랫폼에서 원활하게 작동되는 제품을 선택하도록 하자.

BJ방송
기획의 기초
: 스토리가 중요하다

① 고정관념 탈피하기

하루에 3시간, 월 250~300만 원 보장?

항간에 떠돌던 BJ(브로드캐스팅 자키 : Broadcasting Jockey)방송 아르바이트 페이 조건이다. BJ방송이 돈을 번다는 이야기가 돌면서 고정적으로 BJ방송만을 하려는 회사들이 난립했고, BJ방송을 할 사람을 채용해서 계약을 맺고 진행하였다.

이 당시에 회사들은 구직 사이트나 인터넷 방송 사이트, 배우 캐스팅 사이트 등에서 채용 공고를 내고 BJ방송 진행자를 선발한 후에, 회사 사무실 등의 공간에 세트를 꾸미고 BJ의 집처럼 구성한 뒤 방송을 했다.

BJ가 방송을 할 때는 회사 담당자가 시청자로 참여하였고 게시판을 관리하거나 후원 선물을 하는 식으로 방송의 분위기를 이끌었다. 방송 채널의 홍보도 회사의 몫이었다. BJ는 방송만 해 주는 조건으로 월급을 받았고, 회사는 채널 홍보와 운영을 담당하며 후원 선물로 수익을 챙겼다.

그런데 BJ방송 콘텐츠 제작에도 변화가 생겼다. BJ방송은 실시간으로 후원 선물을 받을 수 있는 1인 방송이라는 장점이 있었지만, 점점 다른 유튜버들이 만든 것과 별반 다를 바 없는 일반적인 동영상 콘텐츠로서는 수익성을 기대하기 어려웠기 때문이다. 이에 따라 BJ가 진행하는 콘텐츠라면 광고를 먼저 수주해서 콘텐츠로 제작하는 방식이 도입되었다. 메이크업 제품 등 특정 제품과 연관된 스토리를 개발해서 출연자들이 상황에 맞게 연기하는 방식을 취한 것이다. 예를 들어 A 화장품이라는 제품에 대해 '처음 만난 사람과 ○○○할 수 있을까?'라는 콘텐츠를 만들고 그 상황에 A 화장품을 등장시켜서 '번지지 않는 화장품'이라는 카피문구를 보여 주는 식으로 콘셉트를 구성한 것이다. 어떤 곳은 출연자들의 장점인 '배우'라는 점을 활용하여 다양한 연애 상담 콘텐츠를 제작하기도 했다.

BJ방송은 그래서 1인 방송인 동시에 광고 협찬을 받아 제작되는 광고성 동영상 콘텐츠가 되기도 했다. 회사 입장에서는 광고 수익보다는 광고 수주 후 콘텐츠로 제작하는 방식에서 수익성이 더 높았다.

그렇다면, BJ방송을 할 때 알아야 하는 사항은 무엇일까?

"BJ방송에서는 보정 앱(프로그램)을 쓴다는데 필수인가요?"

보정 앱이라고 부르는 프로그램은 동영상에 필터를 사용해서 예쁘고 잘 생기도록 보이게 해 주는 기능이다. 인터넷 방송 초창기에는 갑자기 미남 미녀들이 등장하면서 시청자들로부터 호감을 얻는 경우도 많았지만 이제는 보정 프로그램의 존재를 아는 시청자들이 많기에 예전처럼 큰 효과는 기대할 수 없는 것이 사실이다.

"BJ방송은 노출도 해야 하고 선정적이어야 하나요?"

BJ방송은 결코 선정적이거나 노출방송을 의미하는 것은 아니다. 그런 콘셉트로 활동하는 진행자가 일부 있어서 문제를 일으킬 뿐이다. 그런데 아직까지도 사람들이 BJ방송이라고 하면 선정적인 방송이라고 생각하는 경향은 1인 방송 초창기에 언론에 보도된 뉴스들이 사람들의 이미지에 각인된 이유가 크다. BJ방송이되 뮤지컬을 가르치고, 연기를 지도하고, 악기를 연주하고, 영어를 학습하는 콘텐츠도 많다. 여행 콘텐츠도 있다. BJ라고 해서 무조건 선정적이라는 인식은 이제 바뀌어야 한다.

'리액션'과 시청자 심리

시청자와 진행자가 소통하는 방법? 콘텐츠에서의 리액션에 대해 알아 두자. '리액션'이란 진행자가 시청자와 소통하는 방식이다. 이러한 쌍방향 소통에 의해서 콘텐츠는 시청자와 진행자가 함께 만들어 가는 콘텐츠로 완성된다.

인터넷 방송은 온라인 게임의 발전이 이루어지던 시점과 엇비슷한 시점에 시작되었다. '다마고치'라는 게임기를 아는 사람이 있을 것이다. 손 안에 쏙 들어오는 작은 크기의 게임기인데 기기 화면에는 작은 캐릭터가 있어서 밥을 달라거나 놀아 달라고 조르면 그때마다 사람이 밥도 주고 놀아 주는, 캐릭터를 키우는 게임이었다. 여타 게임들처럼 화려한 액션 요소나 탄탄한 스토리가 있는 것도 아니었는데 많은 인기를 끌었다.

다마고치 게임은 현대 사회를 살아가는 사람들의 고독함과 내 편이 필요하다는 무언의 인식 속에 성공한 게임이라고 볼 수 있다. 기술의 발달에서 소외감을 느끼던 사람들이 자신의 존재감을 찾고 자존감을 높이게 되는 데 도움이 되었다고도 볼 수 있을 것이다.

이와 같이 자신의 존재감을 느끼고 자존감을 느낄 수 있는 면에서 '쌍방향성 게임'이 유행하는 것처럼, 리액션에는 '사람의 심리'의 힘이

담겨 있다. 직접 게임에 참여하고 게임상의 캐릭터를 움직이는 데 익숙한 사람들에게 '리액션'을 준다는 것은 그 방송을 시청하는 많은 시청자들 가운데에서 자기만 진행자랑 소통하고 있다는 자부심 내지 과시욕을 충족시켜 준다. 마치 어느 게임에서 캐릭터를 자기가 움직이고 있다고 생각하는 것과 유사한 점이다. 때로는 그 리액션에 감동받아 다른 시청자들에게 자기 능력치를 '보란 듯이' 과시하면서 욕구 충족이 되는 측면도 있다. 바로 이 자부심 내지 과시욕이라는 심리가 콘텐츠를 만들 때는 중요하게 작용한다.

방송에서는 드러나지 않지만 방송을 시청하는 사람들끼리는 내면에 미묘한 경쟁심이 생긴다. 게시판에 댓글을 남기는 것도 마찬가지 이유로 볼 수 있다. 누군가에게 주목받고자, 다른 사람에게 인정받고자 하는 명예욕과 과시욕, 승부욕이 모두 작용되었다고 할까? 다른 시청자들보다 진행자와 더 친밀한 관계가 되기 위하여, 그럼으로써 다른 사람들보다 자신이 우월하게 보이기 위하여 기꺼이 후원 선물을 하려는 측면이 있다. 방송 자체가 시청자들이 참여하는 게임의 하나인 셈이기도 하다.

그래서 '리액션'이란 후원 선물을 해 준 시청자에게 진행자가 건네는 '선물'과 같은 것이고, 받는 시청자에게는 화면 속 캐릭터가 자기에게만 반응해 주는 것과 같은 느낌을 주는 효과적인 소통 방법이다.

이런 상황은 방송에서의 모습과 실제 모습에는 차이가 있는 점, 즉 콘텐츠에서의 캐릭터와 실제 캐릭터는 다르기 때문에 가능한 상황인 것이다. 이 점을 아는 방송 진행자들은 인기 채널을 유지하고 있지만 그렇지 못한 경우에는 시청자와의 소통에 대해 여전히 어려움을 겪고 있다.

③ 진행자는 '그림'이 된다

다음으로는 콘텐츠의 특성에 대해 알아 두자. 1인 방송을 하는 것은 사람이다. 동영상 플랫폼에 채널을 개설하는 것도 사람이다. 동영상 콘텐츠를 만드는 것도 사람이다. 콘텐츠에 광고가 삽입되어 광고 수익을 얻는 것도 사람이다. 플랫폼에 계정을 만드는 것도 사람이다. 콘텐츠를 편집하고 수정하는 것도 사람이다. 결국엔 다 사람이다.

그런데 사람은 콘텐츠 안에서는 사람이 아니라 '그림'이 된다. 이는 마치 게임 화면 속 캐릭터와 같은 위치이다. 우리는 콘텐츠상에서는 스토리대로 움직이는 캐릭터이다. 화면에서 시청자의 말대로 움직이는 캐릭터이다. 그렇기 때문에 시청자들이 1인 방송을 보면서 마치 일종의 게임을 보는 것과 같은 심리를 가지는 것이다.

캐릭터가 자기 마음대로 움직이고 따라 주면 즐거워한다. 그날은 자부심을 갖고 자기 만족을 한다. 게임으로 치면 장비를 많이 챙겼고 레벨이 업그레이드된 날이다.

반면에 캐릭터가 자기 맘대로 움직이지 않는다면 어떤 마음이 들까? 캐릭터가 자기를 따르게 하고 싶어져서 답답해하고 방법을 찾는다. 하여 캐릭터 장비를 구입하게 된다. 이것이 방송을 보며 후원을 하게 되는 식이다. 그래서 화면 속 사람은 사람이 아니라 캐릭터라고 부르는 것이다. 지극히 사실적이고 입체적인 그림 캐릭터이다.

5 정치방송 기획의 기초
: 이슈와 논리가 중요하다

① 이슈에 집중하기

정치방송은 이슈 방송이다. 이슈에 민감해야 하고 이슈를 합리적인 논리로 설명해야 한다. 여론에 휩쓸릴 필요는 없으나 중립적인 위치를 택하는 것이 좋다. 자기만의 중립적인 논조를 유지하며 합리적이고 객관적으로 이슈를 풀어내는 논리력이 중요하다. 정치방송을 주로 정치인들이나 기자 출신, 정관계에서 일해 오던 사람들이 개설하는 이유이기도 하다.

물론 일반인이 정치에 대해 의견을 개진하고 여론 분석에 참여하는 것도 가능하다. 부유층이건 소시민이건, 학생이건 어린이건 간에 자기 의견을 말할 수 있다. 그래서 정치방송은 다소 딱딱한 어감이 드는 부분이 있으면서도 누구에게나 열린 콘텐츠 채널이다. 인기 콘텐츠가 높은 조회 수를 가진 콘텐츠라고 정의할 때 정치방송은 인기 콘텐츠이다. 누구에게나 열린 공간이자 누구나 관심을 갖는 내용을 가지고 있기 때문이다.

정치방송을 살펴보면 한 가지 큰 특징이 있다. 그것은 바로 주 시청자층이 중장년층이라는 점이다. 나이가 들수록 정치에 관심이 높아진다고들 한다. 20~30대는 신문을 보더라도 연예면을 보고 TV를 보면 예능을 주로 시청한다고 할 때, 40~50대 연령층이 되면 뉴스를 주로 본다는 이야기가 있다. 나이가 들수록 사회에 참여하려는 의욕이 높아져서일까? 그것이 아니면 정치에 관심을 갖는 이유가 무엇일까?

"우리 아빠도 TV 뉴스만 본대요."

나이가 들면 위치와 상관 없이 대부분은 사회에서 자리를 잡게 된다. 이는 정착의 의미라기보다는 안정적인 위치에 올라가서 눌러 앉는다는 의미에 가깝다. 이 시기가 되면 어떤 생각을 할까? 변화무쌍한 사회에서 모든 풍파를 견디며 살아온 인생들이다. 인생을 반 이상 살아왔고 앞으로 살아갈 날들은 살아온 날들보다 적은 사람들이 대부분이다. 이들은 나름의 성공의식도 갖추고 있다. '나 정도면 그래도 열심히 살았어'라고 자기 위안을 삼기도 한다.

그런데 어느 날 TV를 보다가, 신문을 읽다가, 혹은 업계 지인을 통해서 자신이 알던 사람이 승진했거나 돈을 많이 벌었다는 소식을 듣는다. 그들이 그렇게 성공하다니? 그들은 그렇게 자신과의 차이점은 무엇일까를 고민하여 답을 찾아 나선다. 그리고 대부분의 경우 '그동안 내가 정치를 너무 몰랐네'라고 느낀다. 어떤 인연으로 정책의 변화를 남들보다 먼저 들어서, 어떤 정책 관련 뉴스를 먼저 듣고 '그 사람'이 자신보다 더 잘됐다고 생각한다.

> "학교 친구가 정치인이 되었더라고."
> "가깝게 지내는 공무원인데 높은 자리로 승진했다니까."
> "나는 이제 다 살았으니 자식들이 살아갈 세상이 제일 걱정이지."

바로 이런 이유들이 중장년층이 TV 뉴스를 찾고 정치에 관심을 갖게 되는 이유들 가운데 하나이다. 가장 큰 이유는 자식들이 살아갈 세상을 걱정해서이다. 표면적으로는 "뉴스나 보자"라든가 "정치인들이 말이야"라며 이야기를 하더라도 그 속내는 자식들이 살아갈 세상이 나아졌으면, 좋은 환경을 만들어 줬으면 하는 바람들이 크다. 그래서 정치방송을 보고 뉴스를 찾으며 애꿎은 소리를 하는 것이다. 이런 중장년층이라는 세대가 가진 특성 때문에 정치방송은 인기 콘텐츠로서 유지될 가능성이 크다.

관심을 갖는 사람들이 항상 많으며, 시청자층이 두텁고, 시시때때로 이슈가 생기면서 방송 소재도 끊이질 않는다. 이만한 분야도 많지 않다. 일각에서는 시시때때로 이슈가 생기는 이유에 대해 정치인이 연예인과 같다고 표현하면서 대중의 인기를 필요로 하기 때문이라고 하는데 타당성 있는 주장이다. 연예인들이 뉴스에 보도되지 않으면 잊히듯이 정치인들도 같은 상황이 아닌가? 뉴스거리가 생성되고 방송소재가 끊이지 않는 이유이다.

요약하자면, 정치 콘텐츠를 다루려고 한다면 좌우 여론에 쏠리지 않고 자기 의견을 객관성을 갖추고 타당하게 주장하는 것이 가장 중요하다. 그런데 일부는 의도적으로 한쪽에 편중된 콘텐츠를 만들기도 한다. 공정성을 담보로 하는 언론으로서의 형태가 아니라, 글자 그대로 인터넷 콘텐츠적인 면을 강조하다 보니 시청자가 많은 곳, 제작자가 콘텐츠를 알리기 쉬운 곳을 위한 콘텐츠를 만들기도 한다. 필자 입장에서는 어떤 형태의 콘텐츠가 좋다고 단정을 짓지는 않는다. 다만, 자기가 만들고자 하는 콘텐츠의 방향성을 고려할 때는 제작자의 신념과 주관에 따라 만들고자 하는 것인지, 아니면 시청자 수를 늘리고 구독자를 확보하기 위한 것인지를 놓고 결정하면 합리적일 것이라고 본다. 카메라 화면도 복잡하지 않아도 되며 꾸미지 않아도 좋다. 오직 진솔함이 중요할 뿐이다. 정치방송의 시청자들은 진행자의 이야기를 들으려고 할 뿐이다. 그러니 눈을 마주치고 입을 응시하며 모든 이야기를 귀담아 듣자.

② 이슈에 몰리는 시청자 분석

콘텐츠 제작에 있어서 '이슈몰이'에 대해 알아 두도록 하자. 이슈는 과연 좋은 재료일까? 언론 지상에 보도되는 이슈가 터졌다고 하자. 많은 언론들이 취재에 나서고 연일 관련 기사들이 인터넷, TV, 신문에서 보도된다고 하자. 그렇게 생긴 이슈가 하루를 지나 이틀, 사흘 동안 지속되더니 아예 특별 취재팀들이 꾸려지면서 장기적으로 보도될 때가 있다.

이때 여러분은 어떻게 해야 할까? 이를 여러분의 콘텐츠에 추가할 것인가? 여러분의 1인 방송에서 다룰 내용인가?

"이슈라고 하면 사람들의 관심이 많은 것이니까 방송으로 소개하고, 콘텐츠로도 동영상을 만들어서 업로드하면 좋지 않을까요?"

연예계에 떠도는 말 중에 '관심은 돈이다'라는 말이 있다. 이와 비슷하게 '검색 순위에 드는 것은 보너스'라고 표현한다. 직업 자체가 '홍보' 분야에서 일한다고 할 수 있고 대중의 관심을 받는 분야이다 보니 그들이 듣는 표현들이다. 관심이 높아지면 수입도 증가한다는 말과 같다.

연예계 뉴스에 댓글이 있던 시대에는 '악플보다 더 무서운 것은 무플'이라는 말도 있었다. 악플도 관심이라는 이야기이다. 무플은 아예 대중이 관심이 없어졌다는 의미라고 했다.

그래서 일부 연예인들은 아예 작정하고 '비호감 마케팅'을 구사하기도 했다. '호감 마케팅'을 하는 대다수의 연예인들과 경쟁하여 이길 수 없다면 차라리 비호감 마케팅으로 인지도를 높여 보자는 생각이었다. 그리고 일부 연예인들은 인지도 면에서 스타의 위치에 오르기도 했다.

이슈는 돈이다.
⋯⋯⋯⋯⋯⋯⋯⋯
이슈는 스타다.
⋯⋯⋯⋯⋯⋯⋯⋯
이슈는 콘텐츠다.

이슈가 돈이 되고, 스타가 되고, 콘텐츠가 되는 이유는 '쉽게 묻히기' 때문이기도 하다. 이슈는 사람들의 관심이지만 사람들은 쉽게 관심을 바꾸기도 한다. 이슈가 터지고 너무 오래 끌면 돈이 안 된다. 스타도 안 되고 콘텐츠도 안 된다. 이슈는 선점해야 하는데 너도 나도 이슈를 다루다 보니 특별할 것이 없어지기 때문이다.

그래서 새로운 이슈는 항상 터진다. 이슈가 빠르게 나타났다가 사라지는 시대에 스타가 탄생하고 돈이 벌린다. 이슈는 여러분의 채널에도 콘텐츠의 재료가 충분히 될 수 있다.

엽기방송 기획의 기초
: 상식을 넘어 황당함이 콘텐츠가 되다

SUBSCRIBE 🔔

① 일반적이지 않다는 의미

'엽기' 콘텐츠의 본격적인 등장은 1990년대, 인터넷에 동영상이 처음 등장한 시기와 맞물려 있다고 할 수 있다. 당시에 인터넷에서 어느 사람이 자신의 토사물에서 다시 음식을 집어먹는 모습이 화제(정신적으로 큰 충격을 주면서)가 되면서 '엽기'라는 단어가 사람들 사이에 사용되었다. 그 시점에서 엽기라는 이름표를 붙인 동영상들이 인터넷에 광범위하게 퍼졌다.

당시에 엽기라는 단어는 '일반적이지 않은 것'을 뜻하면서 동시에 '말이 안 되는 상황'을 일컫는 은어로도 사용되었는데, 가요계 가수 중에서 엽기를 이미지로 차용한 경우도 있었다. 이른바 '엽기가수'의 탄생이기도 하였다.

그 이후, 불과 수년 전에도 엽기는 인기 아이템이었다. 1인 방송에서는 엽기방송을 선보이는 크리에이터도 등장했다. 술을 정해진 시간 안에 먹는다거나, 날달걀 몇 판을 정해진 시간 안에 먹기 등, 주로 음식을 소재로 엽기 콘텐츠를 선보였는데 나름 관심을 많이 받아서 인기 채널이 되기도 했다.

그러나 엽기라는 것은 '일반적이지 않고 낯설다'는 점이 있다. 때문에 단기간에 인지도를 높이거나 화제가 될 수는 있을지언정 장기적으로 좋은 소재가 아니다. 자극은 더 센 자극으로만 욕구가 충족된다. 시청자들에게 엽기를 보여 주면 그 다음에는 더 센 엽기를 보여 줘야만 인정을 받는다. 현재 엽기방송을 주로 이벤트성으로 도전하는 이유이기도 하다.

 ② **마니아 팬층을 공략하다**

콘텐츠에서 '마니아층'을 공략하는 전략에 대해 알아 두자. 마니아층이란 고정 시청자를 의미한다. 책에 있어서는 고정 독자층이다. 연예인 입장에서는 고정 팬층이고, 정치인 입장에서는 고정 지지자층을 의미한다.

이처럼 마니아층이란 '고정'이라는 의미가 '확보된'이라는 의미이다. 마니아층이라는 말은 '안정, 안심'이라는 이미지를 준다. 사업을 시작하면서 고정 소비자층이 있는 것과 같은 의미라고 할까? 상품을 만들면 기본적으로 구매해 주는 소비자층이 있다면 회사 입장에서는 어떤 일을 하건 안심할 수 있지 않은가. 그래서 1인 방송이나 콘텐츠 제작은 가능하다면 소비자층이 있는 분야를 공략하는 것이 중요하다.

기획사에서는 연예인을 데뷔시키려고 할 때 데뷔하기 전부터 팬들을 모집하고 관리한다. 기획사에서는 데뷔를 앞둔 연예인에게도 팬을 형성해 준다. 팬들을 연예인과 만날 수 있는 행사에 초대하는 등, 데뷔하기 전의 연예인과 팬덤 형성을 할 수 있는 시간을 만들어 준다. 이는 그 연예인에 대한 마니아층을 만들기 위함이다. 크리에이터도 같은 전략을 사용할 필요가 있다.

가령 시청자나 구독자가 1명도 없는 상황에서 1인 방송을 시작하고 콘텐츠를 만들어 업로드하기보다는 사전에 준비를 해야 한다. 그 준비로는 SNS와 블로그를 활용하도록 하자. 블로그 이웃들과 유튜브 채널을 만들려고 하는 것에 대해 소통하고 의견을 구하자, 이를 통해 여러분의 이웃들은 자연스럽게 관심을 가지게 될 것이다. 페이스북이나 인스타그램에서도 마찬가지다. 팔로워들과 의견을 나누는 과정을 거치도록 하자.

그 이웃, 팔로워들은 여러분이 채널을 만드는 그날, 찾아와서 구독 버튼을 눌러 줄 것이다. 초기 구독자는 이렇게 모집하는 것이다.

시청자나 구독자 한 명 없이 시작하지 말고 준비 과정에서 구독자를 확보하고 예비 시청자들에게 홍보하자.

③ 모니터와 디스플레이 스크린의 차이점

콘텐츠는 컴퓨터 모니터나 스마트폰 화면(디스플레이 스크린)으로 본다. 두 가지의 차이는 '크기'이다. 스마트폰 화면은 3인치에서 5인치(태블릿)가 일반적이라면 모니터는 주로 22인치보다 큰 화면이다. 여기서 중요한 점, 하나의 콘텐츠를 서로 다른 크기의 화면으로 시청할 때 차이점이 있을까?

텔레비전과 극장 스크린을 비교해 보자. 사람들은 어떤 영화에 대해서 텔레비전으로 봐도 된다는 말과 극장 스크린으로 봐야 한다는 말을 한다. 혹시 눈치 챘는지 모르겠다. 하나는 '봐도 된다'라는 표현, 또 하나는 '봐야 한다'라는 표현이다. 이렇듯 텔레비전과 극장 스크린의 차이는 사람들이 콘텐츠에 대해 부여하는 가치의 기준이기도 한 셈이다. 어떤 콘텐츠는 텔레비전으로 봐도 되는데 어떤 콘텐츠는 극장 스크린으로 봐야 한다는 것이 그렇다.

그렇다면 모니터와 디스플레이 스크린은 어떨까? 사람들은 데스크톱 컴퓨터에서는 모니터로 시청하고 움직이거나 스마트폰을 사용할 때는 디스플레이 스크린으로 시청한다. 이럴 때, 혹시 누가 이건 모니터로 '봐야 한다'는 표현을 하는 것을 본 적이 있는가? 특별한 표현이 없다. 모니터로 봐도 그만, 디스플레이 스크린으로 봐도 그만인 셈이다. 왜 TV와 영화관 사이에는 표현의 차이가 있는데, 모니터와 디스플레이 스크린 사이에는 표현의 차이가 없을까?

그 이유는 1인 방송이나 동영상 콘텐츠가 '스낵컬쳐(Snack Culture : 간식거리처럼 쉽게 보고 쉽게 잊히는 콘텐츠)'이기 때문이다. 돈을 많이 쏟아부어서 만든 대작이건 아니건 상관없다. 톱스타가 출연하는 드라마이건 영화이건 그것도 중요하지 않다. 사람들이 시청하는 도구 자체가 모니터이건 스마트폰의 디스플레이 스크린이건 간에 이 둘 모두 스낵컬쳐이기 때문에 굳이 큰 차이를 부여할 필요를 느끼지 못하는 것이다.

텔레비전은 집에서 볼 수 있고, 극장 스크린은 극장에 가야 볼 수 있다. 이는 사람들에게 집에 머무르느냐 외출하느냐의 차이를 준다. 시청자 스스로 판단하기를 집에서 봐도 된다와 극장 가서 봐야 한다라는 차이점이 생긴다는 뜻이다.

반면에 모니터와 스마트폰의 경우는 어떤가? '이건 모니터로 봐야 해!', '아니야! 이건 스마트폰 화면으로 봐야 해!'라고 선택하는가?

콘텐츠를 선택하는 데 있어서 사람들은 모니터로 볼지, 스마트폰 화면으로 볼지 굳이 차이를 두지 않는다. 집에서 모니터로 시청해도 상관 없고 스마트폰을 들고 택시, 버스, 지하철을 타건 스마트폰으로 시청하는 장소도 상관 없다. 콘텐츠를 시청하는 데 있어서 사람들에게 선택의 필요성(모니터로 시청해야 하므로 어디를 가야 해! 스마트폰으로 시청해야 하므로 어디를 가야 해!)을 느끼게 하지 않는다. 그래서 모니터나 스마트폰으로 시청하는 사람들에겐 단지 콘텐츠의 '재미'만이 선택의 기준이 된다. 유튜브에서 시청할 영상을 선택할 때 중요한 것은 콘텐츠의 재미(궁금증, 호기심)이다.

콘텐츠 기획의 실습

: 콘텐츠 기획표
만들기

콘텐츠 기획의 기초에 이어 이 단락에서는 직접 콘텐츠를 기획해 보자. 아래의 각 순서는 반드시 지켜야 하는 필수적인 것이 아니므로, 각자의 스타일에 따라 콘텐츠 기획을 해도 된다.

콘텐츠 제목
: 콘텐츠의 이미지를 만들다

SUBSCRIBE 🔔

일단 제목이 중요하다. 제목만으로도 콘텐츠의 대략적인 이미지를 전하기 때문이다. 제목이 좋으면 콘텐츠에 호감을 갖는다. 제목을 이해하지 못하면 콘텐츠 자체가 낯설다는 이미지를 갖는다. 이는 당연한 이야기이다.

① 제목이 만드는 연상 효과를 고려한다

어떤 콘텐츠를 하고 싶다고 하자. 유튜브에 올려서 후원을 받으려는데, 바로 이때! 유튜버(크리에이터) 자신도 모르게 저지르는 실수가 있다. 그건 바로 유튜버(크리에이터)만 아는 단어를 사용해서 제목을 짓는 것이다.

콘텐츠가 실패한 뒤에 후회해 봐야 소용없다. 나중에 콘텐츠를 다시 올려야겠다고 생각한다해도 어쨌든 시간이 흘렀고 그 콘텐츠가 실패했다는 사실은 변하지 않는다.

콘텐츠를 올리면서 유튜버(크리에이터) 자신이 오래도록 생각해 온 '있어 보이는 제목', '유튜버(크리에이터) 스스로를 대단한 사람이라고 여기게 해 주는 제목', '전문성을 강조하는 제목' 등을 올려야만 마치 자신이 대단한 콘텐츠를 하고 있다고, 주위 사람들에게 '나 이런 거 하는 사람이야!'라고 알려 준다고 착각하는 경우가 많다. 이는 완전히 잘못된 생각이다.

콘텐츠의 본질은 '다른 사람들에게 낯선 이야기를 한다'라는 점이다. 콘텐츠 제목이 콘텐츠 이미지를 정해 주는데, 나만 알고 있는, 나만 정하고 싶은 제목으로 콘텐츠를 정하면 다른 사람들은 눈만 동그랗게 뜨고 '이건 뭘까?' 하는 생각만 하다가 지나가고 말지 않겠는가.

좋은 제목이란 재래시장에서 통하는 제목이다?

마케팅에 대해서는 위와 같은 이야기를 많이 한다. 대중적인 마케팅을 해야 하며, 특수성을 강조하면 끼리끼리 장사밖에 안 된다고 말한다. 이는 다시 말해서 제목을 정하는 데 있어서 시청자층을 넓게 잡아야 한다는 의미다. 예를 들어 보자.

'구독자 10만 명 만들기'

'꽃가게 사장이 유튜브 구독자 10만 명 만들기'

두 가지 제목 중에 어느 제목에 끌리는가? 대중적인 것은 위의 제목이고, 전문성을 띤 제목은 아래 제목이다. 똑같은 구독자 10만 명 늘리기에 대한 콘텐츠라고 하더라도 아래 제목으로 하면 꽃가게를 안하는 사람들은 관심을 가지지 않는다. 이처럼 콘텐츠의 제목은 대중적이어야 더 많은 사람의 눈에 보일 수 있다.

② 좋은 제목은 20글자 이내로 만든다

외국 영화를 상영하는 극장에 왔다고 생각해 보자. 영화를 보면서 여러분은 스크린 한쪽에 있는 자막을 보게 될 것이다. 아래쪽이 대부분이며 때로는 위에, 때로는 우측에 놓인다. 자막을 보다보면 한 가지 공통점이 있음을 알 수 있다. 자막 글자 수가 거의 다 일정하다는 점이다.

자막은 길어야 두 줄, 많아야 대략 14글자 이내에서 전달된다. 그 이유는 사람의 눈에서 한번에 보기 편한 글자 수가 두 줄 이내, 14글자 정도이기 때문이다. 많은 돈을 투자해서 들여온 영화일지라도 이처럼 관객의 눈높이에 맞춰 자막을 만드는 이유이다.

그렇다면 콘텐츠 제목의 글자 수는? 최대한 20글자 내외로 정하

자. 그보다 짧으면 내용 전달이 너무 어렵고, 그보다 길면 제목이 아
니라 문장처럼 느껴질 수도 있으니 말이다.

2 콘텐츠의 대표 이미지(썸네일)
: 한눈에 사로잡는 포인트

콘텐츠를 만들면서 대표 썸네일을 만드는 것이 중요한 이유에 대해 알아 두자.

 ① 이미지(썸네일)가 중요한 이유

콘텐츠와 유튜버를 소개해 주는 중요한 요소들 가운데 빠져서는 안 되는 것이 '이미지'라고 하겠다. 이미지는 사람으로 치자면 얼굴에 해당된다. 유튜버 입장에서는 콘텐츠의 얼굴이라고도 말할 수 있다. 이미지는 콘텐츠에 대한 기대감을 만들어 준다.

우리가 누군가를 처음 만나는 순간이라고 상상하자. 그 사람이 모자를 썼는지 안 썼는지는 그 사람의 이미지 결정 요소가 된다. 귀걸이를 했는지 안 했는지와 같은 사소한 요소 역시 마찬가지이다. 또는, 처음 방문하는 식당을 상상하자. 어떤 식당의 간판을 찾는데 잘 보이지도 않고 찾기가 힘든 경우가 있는 반면에 어떤 식당 간판은 한눈에 확 들어오는 경우도 있다. 간판 하나에 따라서도 우리가 식당에 대해 느끼는 이미지는 다르다. 이처럼 썸네일은 식당의 간판이나 사람의 액세서리처럼 어떤 콘텐츠의 첫 이미지 그 자체를 나타낸다.

 ## ② 이미지(썸네일)가 말해 주는 것

이미지는 콘텐츠의 대략적인 느낌을 말해 준다. 이미지(영상)가 텍스트는 아니지만 어떤 콘텐츠의 느낌을 전달해 준다는 점에서 일종의 스토리텔링이라고 볼 수 있다. 이는 신뢰감을 전달해 준다는 것으로도 말할 수 있다. 물론 이미지 자체가 콘텐츠가 될 수는 없지만, 사람들이 콘텐츠를 읽을 때 이미지가 그 곁에서 '인사하는 역할' 정도는 충분히 할 수 있다.

처음 간 낯선 장소에서 이리저리 구경하고 있는데 그곳 출입문 옆에서 반갑게 인사하는 사람이 있다고 하자. 만약 그 인사하는 사람이 친절하게 인사를 한다면, 우리는 조금이나마 안심될 것이다. 이처럼 어떤 콘텐츠를 미리 보여 줌으로써 그 콘텐츠가 가진 낯섦을 해소시켜 주는 역할을 하는 것이 이미지라고 할 수 있다.

 ## ③ 이미지(썸네일)가 보여 주는 것

이미지가 '사람들이 바라보는 어떤 대상에 보여 주는 것'을 의미한다고 하면 이미지는 콘텐츠의 모든 것(사람들이 콘텐츠에 대해 알 수 있게 보여 주는 모든 것)이라고도 말할 수 있다.

　이는 즉 이미지란 비주얼이라는 의미이다. 이미지는 콘텐츠의 모든 것을 보여 주며 시선을 끄는 역할을 담당한다. 가수 그룹을 상상해 보자. 멤버들 중에는 노래 담당도 있고 비주얼 담당도 있다. 노래는 가창력이고 비주얼은 외모이다. 그 그룹이 사람들로부터 시선을 끌게 하기 위한 역할이 비주얼 담당의 역할이기도 하다. 노래는 귀로 들어 봐야 알지만 비주얼은 눈으로 보면 안다. 이처럼 이미지는 콘텐츠에 대해 낯설거나 잘 모르겠다거나 하는 느낌을 일순간에 없애 준다. 썸네일이 말해 주는 것이 라디오 광고 멘트라고 한다면 썸네일이 보여 주는 것은 TV CF에 비유할 수 있다.

콘텐츠 요약
: 짧고 쉽게 소개하기

이번에는 여러분이 만드는 콘텐츠를 요약하는 방법에 대해 알아 두도록 하자.

① 콘텐츠의 모든 것

사람들은 키워드에 익숙하다. 포털 사이트에서 '인기 검색어'와 같은 별도의 키워드 순위를 만들어 분류화하는 것처럼 사람들은 주구장창 긴 문장보다는 핵심적인 단어, 요약된 정보 보기에 익숙하다. 그래서 콘텐츠를 선보일 때는 그 콘텐츠 요약을 잘해야 한다. 인터넷 댓글을 보다 보면 "누가 3줄 요약 좀 해 주세요"라는 부탁도 어렵지 않게 자주 발견하는데, 대부분 이런 댓글이 달린 콘텐츠 설명 글은 지나치게 장황하거나 복잡한 내용을 담고 있다.

콘텐츠 요약 시에는 콘텐츠의 모든 것을 소개하려고 하지 말고 핵심적임 내용만 간추려서 적도록 한다. 길게 설명하는 문구 대신에 'A 는 B이다, B는 C이다, 그래서 C는 A이다'와 같은 식으로 핵심적인 사실만 추려서 적자.

 ## ② 콘텐츠 요약은 40~100자 이내로 만든다

콘텐츠 요약은 '구글'을 참고하자. 구글에서 특정 내용을 검색하면 어떻게 표시되는가? 가로 글자 수 몇 개에 세로 줄 수 몇 개로 표시되는지 알고 있는가? 가로 글자 수 약 40개 이내에, 세로 줄 수는 4개 이내이다. 이 안에는 도메인 주소, 날짜, 핵심 제목, 핵심 키워드가 모두 들어가 있다.

콘텐츠 요약을 잘하면 콘텐츠 설명도 잘한다. 왜냐하면 콘텐츠를 잘 이해하고 있는 사람이 요약도 잘하기 때문이다. 크리에이터 입장에서는 콘텐츠를 정확하게 설명할 수 있어야 한다는 점이 중요하다.

콘텐츠 카테고리
: 콘텐츠 위치 정하기

이번에는 콘텐츠를 어느 카테고리에 업로드할 것인지 알아 두도록 하자.

① 인기 카테고리 살펴보기

인기 카테고리란 인기 검색어를 의미한다. '영어공부' 또는 '메이크업 노하우'처럼 인기 검색어를 사용하는 카테고리들이다.

'인기가 많은 카테고리를 선택해야 나의 다른 콘텐츠들도 더 많은 주목을 받는 데 유리하지 않을까?'

대부분의 초보 유튜버들이 생각하는 고민이다. 하지만 그 점은 걱정하지 않아도 된다. 여러분이 올리는 모든 콘텐츠는 다른 사람들에게 공개(단순 게시가 아니라 추천 동영상 등으로)되기 전에 그 플랫폼에서 전문가들이 미리 검토를 한다. 그리고 가장 적합한 위치에 위치시킨다.

'그래도 시청자 수가 적거나 인기가 덜한 카테고리엔 사람들이 덜 오니까…'

동영상 플랫폼에서는 모든 콘텐츠들에 대해 적당한 카테고리를 배당하고, 이용자들의 콘텐츠가 성공할 수 있도록 여러 가지 방법으로 돕고자 한다. 여러분이 콘텐츠를 올리거나 말거나 그냥 두고 보는 것이 아니다. 믿고 기다려 보자. 시청자들에게 더 많이 노출될 수 있는 방법들이 실행될 것이다.

② 어느 카테고리에 사람이 많을까?

어느 인터넷 사이트에서는 어떤 카테고리가 인기 있을까? 인터넷 사이트에서 인기 카테고리를 알 수 있는 방법은 그 사이트의 눈에 잘 띄는 곳에 어떤 메뉴들이 있는지 보는 것이다.

한번, 포털 사이트를 보면 어디부터 눈이 가는지를 살펴보자. 여러분의 평소 습관대로 사이트를 보다보면 인기 카테고리들이 보인다는 것을 안다. 심지어 그 카테고리들은 이용자들의 편리성을 위하여 인기순으로 나열되어 있다는 것도 안다.

콘텐츠를 올리는 데 있어서 카테고리 선택은 사실 나중의 문제이다. 인기 카테고리에 올리려고 콘텐츠를 만드려는 것이 아니기 때문이다. 그리고 카테고리는 사실 인기도에 따라 순서가 바뀌기도 한다. 오늘의 인기 카테고리가 내일의 비인기 카테고리가 될 가능성도 없지 않다. 그러므로 인기 카테고리에 콘텐츠를 올려야만 사람들로부터 후원을 받고 성공하는 데 유리하지 않을까 하는 고민은 사실상 필요 없다.

가령, 2021년 2월 24일에 업로드된 영상이 있다고 치자. 그 영상은 군인들의 전폭적인 지지를 얻고 댓글 모음 영상으로 화제가 되었다. 덕분에 존폐 기로에 놓였던 걸그룹은 데뷔 10년 만에 음악방송 1위(2021년 3월 14일에)를 차지하는 기염도 발휘했다. 그런데 이 콘텐츠를 업로드한 채널은 2018년 7월 3일에 개설되었다. 2021년 4월 초를 기준으로 채널 구독자 수는 14만여 명, 업로드한 동영상 개수는 240여 개가 넘는 수준이다.

이 채널이 주목받은 이유는 무엇일까? 그 노래만 콕 집어서 인기를 얻게 되었을까, 아니면 단순히 알고리즘 덕분이라고 볼 수 있을까? 필자는 '새로운 콘텐츠 소비가 필요한 유튜브 생태계에 시기적으로 부합된 것'이라고 본다. 그래서 카테고리 선택은 중요하지만 필수적인 것은 아니다. 중요한 것은 지속적으로 콘텐츠를 만들어 업로드하는 것이며 인기 콘텐츠들과 비교하여 자기만의 차별화를 만드는 것이다. 그 이후에는 해당 사이트의 콘텐츠 담당자들이 그 콘텐츠를 선택하고 트래픽이 많이 생길 수 있도록 노출 위치가 조정되는 것을 지켜보자.

이야기가 나온 김에 유튜브 알고리즘에 대해 조금 더 알아보자. '알고리즘'이란 유튜브 시청자들에게 동영상을 추천하는 규칙을 의미한다. 여러분이 유튜브를 시청할 때 추천 동영상, 인기 동영상 등이 표시되는 것도 알고리즘의 기능이다. 한마디로, 알고리즘이란 시청자들이 좋아할 만한 동영상을 표시해 줌으로써 시청자들이 유튜브에 더 오래 머물 수 있도록 하는 역할을 담당한다.

그렇다면 알고리즘이란 한 번 정해지면 변하지 않는 것일까? 아니다. 알고리즘은 시대에 따라 변한다. 유튜브에 알고리즘이 도입된 시기는 약 2005년이다. 이 시기에는 조회 수가 높은 동영상에 트래픽을 몰아 주기도 하였다. 사람들이 많이 보니까 인기 동영상으로 추천해 주는 알고리즘이라고 하겠다.

그런데 이러한 알고리즘을 간파한 일부 사람들이 특정 동영상의 조회 수를 의도적으로 높여 주는 방식으로 인기 동영상이 되도록 한 일이 벌어졌다. 가짜 계정을 사용하거나 기계적 프로그램으로 특정 동영상을 클릭해서 조회 수만 올라가도록 만든 것이다. 어느 동영상의 시청 시간이 0.1초밖에 안 되더라도 조회 수 1이 증가하도록 할 수도 있는 식이었다. 이러한 알고리즘은 2012년경까지 유지되었다고 보인다.

이로 인해 알고리즘 방식은 시청 시간이 긴 동영상을 추천해 주는 식으로 바뀌었다. 이때가 시청자들에게 필요한 동영상이 추천을 받는 시기였다. 제목이 자극적이거나 조회 수만 높은 동영상이 아니라 시청자들이 오래 시청하는 동영상들이 추천 동영상으로 선택되었다.

그리고 2016년경이 되면서는 인공지능이 등장하였다. 이른바 '머신러닝(machine learning)'을 통해 지도 학습과 비지도 학습에 의한 알고리즘으로 동영상을 고를 수 있게 되었다. 여기서의 지도 학습이란, 사람이 입력값과 답을 설정해서 컴퓨터로 하여금 입력값에 대한 예상답을 알 수 있도록 만드는 것을 의미하고, 비지도 학습이란 사람이 입력값만 넣어 주면 컴퓨터가 패턴을 스스로 학습해서 답을 찾아낼 수 있도록 하는 것을 의미한다.

가령, 유튜브에 매순간 업로드되는 수백만 개의 동영상들이 있다고 하자. 컴퓨터는 미리 입력된 값에 따라 동영상을 골라서 그중에 다시 수백 개로 추려내어 순서대로 목록화하고, 시청자들의 시청 기록과 동영상의 특성(제목, 10개 이내의 태그, 채널 신뢰도, 인기 키워드 포함 여부, 썸네일, 동영상 설명 등)을 고려하여 다시 수십여 개의 동영상으로 추천한다. 그리고 추가될 수 있다면, 담당자의 최후 선별(컴퓨터 결과치 확인 작업)도 포함될 수 있다. 수백만 개의 동영상에서 수십여 개로 컴퓨터가 추린 뒤 나중에 인간이 재선별해 주는 방식이 들어가 알고리즘 원리를 형성한 것이다.

정리하자면, 동영상을 업로드하는 카테고리가 중요한 것이 아니라 콘텐츠 업로드의 지속성, 콘텐츠 시의성, 콘텐츠의 정보성, 콘텐츠의 간결성이 중요하다. 나머지는 알고리즘이 선별하고 담당자가 재선별하는 등, 적절한 방법에 의해 추천 동영상으로 선별될 것이다. 이러한 과정을 거쳐 시청자들의 필요성을 채워 주면서 구독자 수가 늘어나게 된다.

더 쉽게 말하자면, 이 책에 소개된 내용을 참고하여 재미있고 유익한 동영상을 꾸준히 만들다 보면 추천 동영상에 표시되어 시청자 수와 구독자 수가 증가하게 된다는 이야기이다.

채널 주소
: 콘텐츠가 자리 잡은 주소

채널 주소를 작성할 때의 방법에 대해 알아 두자. '공유'되는 데 있어서는 채널 주소가 핵심이다. 다만, 플랫폼에 따라 임의의 채널 주소가 주어지기도 하고 크리에이터가 별도의 채널 주소를 정할 수도 있으므로 플랫폼에 따라 참고하도록 하자.

① 눈에 띄는 주소

콘텐츠 주소는 콘텐츠를 노출시키는 데 있어서 중요하다. 콘텐츠 명칭과 유사한, 또는 동일한 주소를 만들도록 하자.

가령, 여러분이 ABCABC라는 콘텐츠를 하려고 하고, 콘텐츠 주소로는 /abcabc라고 정했다고 하자. 이는 콘텐츠와 콘텐츠 주소가 같다는 점에서 신뢰감 내지는 일치감을 준다. 반면에 여러분이 좋아하는 주소가 따로 있다고 해서 콘텐츠와 동떨어진 주소를 만들면 어떻게 될까? abcdefg / ababab / cbacba와 같은 식으로 만든다면 콘텐츠 자체인 abcabc 이름과 거리감이 있어 보여 별개의 것으로 느껴지기 마련이다. 시청자들 입장에서는 신뢰감도 덜 받는다. 여기서 콘텐츠 주소란 채널 주소이기도 하다. 다만, 유튜브에서는 처음에는 랜덤 방식으로 자동 주소가 지정되고 일정 조건에 맞춰지면 URL 설정이 가능하므로 참고하자.

② 기억에 남는 주소

콘텐츠 주소로는 기억에 남는 주소가 좋다. 유튜브에 콘텐츠를 올리면 유튜버들은 곧이어 페이스북, 인스타그램, 블로그, 자주 가는 카페 커뮤니티 등에 글을 올리며 유튜브에 콘텐츠를 시작했다고 홍보하기 시작한다. 그러면 사람들이 유튜브 콘텐츠 주소를 보고 마우스나 손가락으로 '바로 클릭'하여 콘텐츠 페이지로 이동할 것이다. 그런데 만에 하나 어떤 사람들이 주소를 읽어 보는 일이 생긴다면?(필자도 그렇지만 어떤 사람들은 이게 무슨 주소인가 읽어 보는 습관이 있다)

이 경우에는 기억에 남는 주소, 센스 넘치는 주소가 돋보이기 마련이다. 이런 사소한 점으로 인해 유튜버에게 신뢰감이 생기고 콘텐츠의 구독자가 될 가능성이 더 높아진다.

유튜브에서 주소 만드는 방법에 대해서만 짚고 넘어가자. 유튜브에서 맞춤 URL(주소)은 youtube.com/맞춤이름 또는 youtube.com/c/맞춤이름으로 표시된다. 여기서 '표시 이름', 'YouTube 사용자 이름', '현재 가상 URL이 연결된 웹사이트 이름' 등처럼 원하는 대로 대소문자와 억양 기호를 변경할 수도 있다. 예를 들어 youtube.com/c/yourcustomname 및 youtube.com/c/YourCustómNámé은 시청자들에게 동일한 채널이다.

③ 채널 주소와 콘텐츠를 기억하는 사람들

사람들은 콘텐츠를 기억할까, 채널의 주소를 기억할까? 정답은 '아무 것도 기억하지 않는다'이다.

생각해 보자. 어떤 유튜버가 여러분의 지인이다. 그 유튜버가 어느 날 페이스북, 카카오톡, 인스타그램, 블로그에 유튜브 콘텐츠 주소를 남겼다. 여러분은 지인으로서 일단 한 번은 콘텐츠에 가 볼 것이다. 그리고 유튜버에게 격려의 메시지를 남겨 줄 것이다.

그러나 지인들 대부분은 이 단계에서 멈춘다. 유튜버로서는 기운 빠지는 시기도 이때이다. 유튜버가 되고 콘텐츠를 올리기만 하면 지인들이 앞장서서 도와줄 것만 같았는데 생각과 다른 현실에 맥이 빠지는 순간이다.

그러다가 지인들 중에서 구독자가 나올 때는 다시 기운이 난다. 구독자가 된 지인이야말로 유튜버인 자신에게 진짜 친구이고 진짜 믿을 만한 사람이고, 진짜 오래갈 사이라고 여기기도 한다.

그런데 유튜버가 진짜 중요하게 체크해야 할 부분은 그것보다는 구독자의 다음 행동이다. 콘텐츠 주소를 어떻게 하는지를 살펴봐야 한다. 구독자가 된 지인이 채널 주소를 알게 된 곳에서 주소를 다른 곳에 옮기지 않는지를 봐야 한다. 가령, 인스타그램이나 페이스북으로 알려 온 채널 주소를 그 상태 그대로 보관하는지, 아니면 지인의 웹브라우저에서나 스마트폰 앱에서 그 유튜브 콘텐츠 주소를 즐겨찾기해 두는지 여부이다.

그 이유는 구독자가 된 지인들일지라도 인사치레 삼아 소액을 후원했을 수도 있어서이다. 콘텐츠 자체에는 관심이 없지만 잔칫집에 축의금 내듯이 후원금을 냈을 수도 있다는 의미이다. 한 번 봤으니 그것으로 됐고 다음에 볼 일은 없다는 생각을 했을 수 있다. 이들과 다르게 어떤 지인들이 콘텐츠 주소를 즐겨찾기해 뒀다면 이는 앞으로도 지속적으로 관심을 갖겠다는 표시이다.

유튜버로서는 무엇을 원할까? 내 콘텐츠에 관심을 갖고 계속 지켜봐 주는 사람? 형식상 후원금 한 번 지원해 주는 사람? 유튜버로서는 콘텐츠를 계속 지켜봐 주는 사람이 더 중요하다.

진행자 정보
: 콘텐츠 신뢰도 높이기

제작자(진행자) 정보도 잘 입력해야 한다. 시청자들이 콘텐츠에 신뢰를 할 수 있도록 진행자(크리에이터)의 정보를 잘 입력해 보자.

 ① 채널 프로필 : 제작자 프로필이 중요하다

채널을 운영하는 본인의 프로필 사진은 매우 중요하다. 이는 콘텐츠의 신뢰감을 높여 주는 효과가 있다. 누가 진행하는지, 누가 크리에이터인지도 모르는 콘텐츠에 후원하고 싶은 마음이 드는 경우는 드물다. 크리에이터를 알고 크리에이터에게 신뢰감을 가질 때 콘텐츠도 후원하고 싶은 마음이 드는 것이 당연하다.

사진은 흑백이 좋을까요, 컬러가 좋을까요?

흑백 사진은 흑백 사진대로, 컬러 사진은 컬러 사진대로 효과가 있다. 흑백 사진의 이미지는 다소 나이가 많거나 옛 정취를 담은, 부모님 세대 등등의 이미지를 갖고 있다. 이에 어울리는 콘텐츠라면 흑백 사진을 사용하는 것이 좋다. 상대적으로 컬러 사진은 현대적이고 SNS에 어울리는, 프로필 사진으로 적합한 이미지를 갖고 있다. 이에 어울리는 콘텐츠라면 컬러 사진을 사용하기를 추천한다.

보정을 고려한다면 보정하는 프로그램으로 보정 효과를 내는 것이 좋을까, 아니면 여권사진이나 증명사진처럼 실물을 보여 주는 사진이 좋을까? 결정하기 어렵다면 이것 한 가지를 고려해 보자.

'이번 콘텐츠에는 이 사진이 어울리는가?'

사람들의 눈은 다르지 않다. 그래서 사람들이 받아들이는 생각도 크게 다르지 않다. 연예인 A가 있다고 하자. A를 바라보는 사람들 생각을 물어보면 대개 비슷하게 말한다. A의 이미지, A의 성격이 어떨 것 같다는 등의 생각들이 신기하리만치 비슷한 것을 알 수 있다. 이것이 이미지의 힘이다.

이 콘텐츠에 여러분의 그 사진이 어울리는가? 이 점을 꼭 유념하자. 더욱 좋은 것은 여러분 자신의 판단보다 최소 3명 이상의, 친구가 아닌 객관적 업무 관계에 있는 사람들에게 물어봐서 결정하는 것이다. 솔직한 평가를 들어 보면서 콘텐츠에 어울리는 사진을 찾을 수 있을 것이다.

진행자 이름 : 진행자 이름이 전부이다

채널 크리에이터(스트리머, 인플루언서)의 이름을 적어 주자. 이름은 중요하다. 개인 본명이 아닌 콘텐츠를 추진하는 팀 이름, 회사 이름, 브랜드 이름을 사용하는 것도 효과적이다. 이름은 곧 콘텐츠와 동일한 힘을 갖고 있다. 사람들은 이름에서 느끼는 이미지 그대로를 콘텐츠 이미지로 생각한다.

이름은 그 사람의 이미지를 만든다. 이름을 들으면서 우리는 그 사람의 이미지를 생각한다. 이름이 강하면 강한 성격의 사람으로, 이름이 생소하면 신비감을 주거나 낯선 느낌의 사람으로 느껴진다.

법원에 가서 개명을 신청하는 사람들이 있다. 그중에는 태어날 때 다른 사람이 지어 준 이름을 사용하지 않고 자기가 원하는 이름을 새로 사용하겠다는 의지를 가진 사람들이 있다. 이는 이름 자체가 주는 이미지 때문인 경우가 많다. 이름이란 곧 그 사람의 이미지를 나타내는데 그 이미지를 싫어하기 때문에 개명을 하는 것이다.

부르기 쉽고 기억에 남는 이름이 좋나요?

부르기 쉽고 한 번만 들어도 기억에 남는 이름은 좋은 이름일까? 물론이다. 한 번만 들어도 잊히지 않고 머릿속에 쏙 들어오는 이름이 있다면 그 이름을 쓰는 것이 좋다. 단, 한 가지 더 필요한 점이 있는데 그것은 '이름에서 느껴지는 센스'가 있어야 한다는 점이다.

한번 생각해 보자. 책 출간을 앞두고 콘텐츠를 올린다. 콘텐츠를 올리려면 크리에이터 이름을 정해야 한다. 이때 이름을 필자 본명처럼 '이영호'라고 하는 경우와 '책 잘 만드는 사람' 또는 '상상의 글을 멋지게 책으로 짓는 사람'처럼 정하는 경우가 있다고 하자. 여러분은 어느 이름이 기억에 남는가? 책을 잘 만들고 그렇지 않고를 떠나 본명이 주는 신뢰도 등을 함께 고려하여 머릿속에 남는 이름을 생각해 보자. 어느 이름이 기억에 남는가?

사람마다 의견이 다를 수 있다. 그런데 인기 유튜버를 떠올려 보자. 그 사람의 본명보다는 유튜버 채널에서 사용하는 닉네임이 더 기억날 것이다.

진행자 이름이 중요하다는 것은 분명하다. 그렇다면 본명으로 마케팅을 할 것인지, 유튜버로서의 닉네임으로 마케팅을 할 것인지를 두고 고려해 보자. 여러분이 유튜버로서는 초보자이며 기존에 활동해 오던 분야가 있고 그 분야에서 본명이 더 인지도가 있다면 본명으로 유튜브 채널을 개설하는 것이 좋다.

하지만 그렇지 않고 유튜버로서 마케팅을 하고 싶다면 기존 채널

과 다른 독창적인 명칭을 정하는 것이 더 좋다. 채널이 잘 되면 상표
권을 등록하여 또 다른 부가 수익을 만들 수도 있는 등, 여러 가지 파
생 수익을 기대할 수 있기 때문이다.

 ③ 진행자 소개 : 진행자는 전문가여야만 할까?

진행자 정보에서는 채널 운영자에 대해 소개를 해 준다.

'나는 아이디어만 있을 뿐인데. 콘텐츠를 실제로 잘 해낼 수 있을까 걱정도
되고, 내가 유튜버가 되기보다는 어떤 전문가를 유튜버로 걸어 두고 나는 뒤에
서 돕기만 하면 되지 않을까? 나중에 콘텐츠가 실패할 가능성도 줄어들고 그게
낫겠지?'

크리에이터들 가운데 의외로 소심한 성격을 가진 이들이 있다. 훌
륭한 아이디어를 갖고도 자기가 직접 진행하기보다는 다른 사람에게
넘기려고 하고, 자기는 뒤로 물러서 있어야 마음이 편하다는 사람들
이다. 이런 이들은 어떻게 해야 할까?

시청자 입장에서 실제 아이디어를 낸 사람은 따로 있는데 그 사
람을 모른다면? 아이디어를 실현시키고 싶은 사람은 다른 사람인데
크리에이터로 이름을 올린 사람을 보고 후원을 한다는 것은 합리적
일까?

아니다. 아이디어를 낸 사람이 크리에이터가 되는 것이 더 솔직하다. 아이디어를 낸 사람이 유튜버가 아니고 다른 사람이 크리에이터가 된다면 그것은 시청자들에 대한 거짓이요, 속임수가 될 수도 있다. 그러므로 하지 말아야 할 일이다.

다만, 아이디어를 낸 사람이 다른 사람들과 팀을 이루고 아이디어와 실무를 구분하여 담당하기로 했다면 이야기가 다르다. 한 팀 안에 아이디어를 낸 사람과 실무 담당자가 모두 포함되는 것이므로, 그러한 내용이 콘텐츠 소개 내용에 기재되어 있다면 그 역시 하나의 멋진 콘텐츠이고 솔직한 진행자들이 된다.

 진행자 나이 : 좋은 나이는 몇 살일까?

콘텐츠를 진행하기에 좋은 나이는 몇 살일까? 어제였을까? 오늘일까? 내일해도 될까? 유튜버가 되는 데 좋은 '나이', 즉 좋은 '때'란 정해져 있지 않다.

"이제부터 준비해서 올해 가을쯤 콘텐츠를 올려 보려고요."

콘텐츠를 만들 것이라고 말하면서 '지금은 아니'라는 이야기를 하는 사람들이 있다. 그 이유를 물어보니 '준비를 더 해서'란다. 무슨 준비를 하냐고 물었더니 생각을 더 정리하고 카메라 장비도 준비하고,

장기적으로 만들어 낼 콘텐츠로 무엇을 할 것인지 준비해야 하고, 어느 기간 동안 어느 정도 제작비를 투자할 것인지 하나씩 생각해서 결정한 다음에 할 것이라고 한다.

물론 콘텐츠를 하려면 어느 정도의 필수적인 준비 기간이 필요하기는 하다. 그러나 하나부터 열까지 완벽하게 준비를 하는 것은 오히려 안 좋은 측면이 있을 수 있다. 나름대로 준비를 다 한다고 했는데 정작 시청자와 구독자가 없다면? 낙심은 물론이고 콘텐츠 도전 자체가 어렵다고 느끼고 포기할까 하는 생각을 할 수도 있다.

그러므로 콘텐츠를 만들 계획을 한다면 너무 늦추지 말고 적당한 시점에서 일단 도전하자. 일단 시작하고 수정할 사항을 고쳐 가면서 해도 나쁘지 않은 전략이다.

⑤ 진행자와 크리에이터 : 따로 또 같이

진행자와 크리에이터(채널 운영자)가 동일인일 때 콘텐츠의 신뢰감이 더해진다. 콘텐츠가 생각한 대로 제대로 완성되려면 무엇보다도 그 콘텐츠를 잘 아는 사람이 맡아야 하는데, '잘 아는 사람'이란 그 콘텐츠를 가장 처음 생각해 낸 사람 '크리에이터' 본인이기 때문이다.

다만, 크리에이터가 아이디어와 기획에 강하다면 경우에 따라 다른 사람이 진행자가 되어도 괜찮다. 이 경우엔 '하나의 팀'으로 구성 되어야 하는 것이 일반적이다. 크리에이터는 기획과 아이디어를 맡고 진행자는 실제로 이뤄지는 진행을 담당하는 방식이다. 창작과 진행을 각기 다른 사람이 맡는 것이지만 중요한 점은 두 사람이 하나의 팀으로 움직일 때, 그래야만 콘텐츠의 성공 가능성이 높다는 점이다.

 활동 지역 : 서울 시청자, 부산 진행자

여러분은 어느 지역에서 활동하는가? 지역도 소개해 준다. 크리에이터의 활동 지역은 콘텐츠의 성공 여부에 큰 영향을 주지는 않는다. 그러나 필자가 보기에, 크리에이터의 거주 지역은 다분히 심리적 요인이 된다. A와 B가 도자기 콘텐츠를 선보이는데 A는 서울에 살고 B는 경기도 이천에 산다고 치자. 이 경우 처음에 보았을 때는 당연히 경기도 이천에 거주하는 창작가에게 신뢰감을 보낼 것이다. 지역적 강점이 있는 콘텐츠의 경우, 지역적인 특색을 살릴 수도 있고 콘텐츠 자체가 가지는 이미지에도 도움이 된다.

콘텐츠를 만든 크리에이터의 거주 지역은 해당 거주 지역이 콘텐츠에서 다루는 내용으로 인지도가 있는 지역이어야 부가 효과가 있다. 전주비빔밥 콘텐츠에 크리에이터의 거주 지역이 전주가 아니라 서울이라면 지역으로 인한 부가 효과를 누리기는 힘들 것이다.

거주 지역과 콘텐츠의 이미지란 것은 사람들이 일반적으로 'A는 B가 낫지!' 식으로 생각하는 정도의 것을 말한다. 무교동의 낙지, 신당동의 떡볶이, 장충동의 족발, 공덕동의 전, 전주의 비빔밥과 같은 식으로 A는 B라는 등식이 성립되는 것을 가리킨다.

당신만 몰랐던
찐! 구독자 늘리기 노하우

: 시청자들이 열광
구독하는 콘텐츠
제작의 비밀

용기 있게, 자신감만 갖고 시작하는 사람들이 의외로 많다. 대책을 물어보면 '관련 책도 읽었다. 스마트폰으로 영상 촬영도 연습했고 편집 앱을 깔아서 편집도 해 봤다. 주위 사람들에게 물어봤는데 재밌다고 해 보라고 하더라. 하다가 해 보고, 처음엔 일상을 브이로그처럼 올리고 나중에 시청자도 늘어나고 하면 콘텐츠도 제작해서 업로드하고 그럴 것이다…'라고 말한다.

그런데 그들 중 대다수는 중도에 포기한다. 진짜 필요한 준비 과정인 시청자와 구독자를 대하는 전략이 없었기 때문이다. 내가 좋아하는 콘텐츠를 다른 사람도 좋아할 것이라는 생각은 착각이다. 주위 사람들에게 물어보는 것도 별로 도움이 안 된다. 그들이 안 좋은 의견을 말해 주겠는가?

시청자는 누구이며 그들은 어떤 취향인지, 구독자는 누구이며, 내 채널의 구독자로는 어느 연령대, 어느 직업군, 어느 성별, 어느 나이대를 공략할 것인지 세심한 대책이 필요하다.

고소득 크리에이터는 물론, 인기 채널 운영자들만 알고 있는 노하우를 알아보도록 하자. 그렇다고 해서 편법을 소개하려는 것은 아니다. 가령, 포털 사이트의 인기 검색어 또는 연관 키워드를 여러분의 콘텐츠 제목으로 만들면 유튜브 알고리즘 덕분에 동영상 조회 수가 늘어날 수 있다. 빅데이터로 인터넷 검색어를 분류해서 산출되는 내용으로 콘텐츠를 만들면 시청자가 늘어난다는 점도 상식이라고 할 수 있다. 인기 게임으로 방송을 하거나 가상 화폐 투자 관련 콘텐츠를 하는 정도는 편법이 아니다. 시류에 편승했다고 할 수 있고 자신의 적성이 그쪽에 맞는 것이라고 볼 수도 있다.

참고 삼아 말하자면, 동일한 출발선(조건)에서 시작하는 것이 아니라는 의미의 편법으로 '인기 유튜버랑 합방해서 인지도 나눠 가져오기'가 있을 수 있고, 인기 노래 듣기 콘텐츠를 올려서 채널의 구독자 수와 조회 수를 늘린 후에 자기가 만들고 싶었던 다른 콘텐츠를 업로드하기도 있을 수 있다. 전자는 이를테면 인기 유튜버 B와 콘텐츠를 만들면서 B 채널 시청자들에게 신입 유튜버 C라고 소개하며 C 채널을 구독해 달라, 시청해 달라는 방식이다. 후자는 A 채널에 인기 노래를 많이 올려서 구독자 수를 확보해 놓고 어느 날 갑자기 A 채널을 영어 학습 채널로 바꾸는 식이다.

하지만 이 책에서 소개하는 유튜버 '그들'은 다르다. 지금부터 하는 이야기는 어쩌면 당신만 몰랐던 궁금증에 대한 해답일 수도 있다. 건물을 지을 때도 기초에 충실한 공사를 해야만 건물이 오래 유지되듯이, 기초가 부실하면 오래갈 수 없다는 사실을 안다면 이제부터 유튜브 구독자 늘리기를 위한 기초 공사부터 착실하게 다져 보도록 하자.

시청자는 유튜버가 돈 버는 것을 알아요
: 돈 버는 유튜버

SUBSCRIBE

① 돈 버는 유튜버, 시청자도 알아요

여러분에게 영화 초대권 1장이 있다고 치자. 여러분은 극장에 가서 혼자 무료로 영화를 볼 수 있다. 지갑을 들고 가니까 상황을 봐서 팝콘이나 콜라를 살 수도 있다. 자, 영화를 보러 극장에 가려는데 여러분의 머릿속에 가장 먼저 떠오르는 것은 무엇인가?

'걸어서 갈 수 있는 가까운 극장?'

'시설이 좋은 극장?'

'그냥 영화를 틀어 주면 되는 아무 극장?'

'교통편이 편리한 극장?'

'지금 당장 갈까, 주말에 갈까?'

'무료 초대권이니까 그냥 아무 영화나 볼까? 아냐, 내가 좋아하는 배우가
나오는 영화를 찾아서 봐야지.'

무료 초대권을 1장 받아든 여러분의 머릿속 생각이 이렇게나 복
잡하다. 그들에게 질문했다.

"극장에서 무료 초대권을 나눠 주는 건 왜 그럴까? 극장에게 손해 아
닌가?"

이에 그들이 대답했다.

"손해긴? 극장에 가면 팝콘도 사먹을 수 있고 먹을 거 사먹잖아? 그런 데
서 돈 남기는 것이지. 극장도 초대권 나눠 주고 관객이 많이 와야 돈 버는 거
아냐?"

무료 초대권 1장이 가져다준 판단력의 범위는 실로 엄청났다. 우
스개소리지만, 초대권 1장을 든 그들은 극장 산업의 핵심을 정확히
꿰뚫고 있었다. 비록 '무료' 초대권이었지만 그들은 극장의 시설을 체
크하고, 교통 편리성과 감상 시간대를 고려하며, 그들이 좋아하는 배
우가 나오는 작품만을 골라서 볼 준비를 하고 있었다.

심지어 그들은 자신들이 초대권을 들고 가지만 그 극장이 돈 버는 구조를 알고 있었다. 자기들이 극장에 가는 순간 극장은 자기들에게 온갖 먹거리를 보여 주며 지갑을 열라고 재촉하리라는 사실을 알고 있었다. 대단히 전략적인 사고방식을 가진 그들이었다.

"시청자들은 동영상 한 번 클릭하면 유튜버에게 광고료 수입이 생긴다는 걸 알아요."

유튜브에서도 다르지 않다. 시청자들은 유튜버들이 돈 번다는 사실을 안다. TV 뉴스와 인터넷 뉴스에는 유튜버들이 고소득을 올린다는 기사가 종종 흘러나온다. 사람들은 대다수의 유튜버들은 만족할 만한 수입을 올리지 못하고 있다는 사실은 눈여겨 보지 않는다. 오직 '유튜버=돈'이라는 키워드만 기억한다. 그래서 아무 동영상이나 클릭하지 않으려고 한다. 광고가 나오면 광고창을 빨리 닫고 오로지 동영상만 잘 보려고 하는 사람들도 있다.

"동영상 조회 수에 따라 수입을 받는다던데요."
"동영상에 광고가 들어가고 광고료를 나눈다고 들었는데요."
"기업들이 광고 협찬을 해 주고 그걸로 동영상 만들고 그런다던데요."
"잘 버는 사람은 1년에 수십 억 원도 더 번다던데요."

이런 사람들은 결국 여러분이 1인 방송을 하건, 동영상 콘텐츠를 만들 건 간에 여러분이 돈 버는 사람들이라고 생각하고 있다. 그렇기 때문에 유튜브에서 동영상 1개를 클릭하고 시청하려고 할 때도 여러 가지를 고려해서 행동한다. 여러분이 콘텐츠를 만들 때 정성과 심혈을 기울여야 하는 이유이다.

극장 한 곳을 세우는 데 200억 원을 투자한다고 해 보자. 팝콘과 콜라가 20,000원이라고 한다면, 무료 초대권 1장으로 올릴 수 있는 수익은 얼마나 될까? 사람들은 20,000원을 쓰는 데에도 200억 원짜리 극장을 고른다. 마음에 들지 않으면 그 극장에 안 간다. 극장이 살아남는 방법은 최소 20,000원을 쓰는 관객들을 많이 유입시키는 일이다. 그러려고 200억 원을 투자해서 극장을 세운다.

여기서 말하는 핵심은 콘텐츠 제작을 위해 제작비로 큰 돈을 들여야 한다는 것이 아니다. 시청자들은 되도록 알찬 콘텐츠를 보고 싶어하고, 자기가 찾는 궁금증을 해결해 주는 콘텐츠, 재미를 주는 콘텐츠를 찾는다는 점을 알아야 한다는 의미이다. 시청자들은 냉정하게 판단하고 행동하기에 하나의 콘텐츠를 만들더라도 시청자 입장에서 시청자들 자신이 투자한 시간이 아깝지 않도록 해 줘야 한다.

시청자가 주고 싶은 시청료

시청자 수가 1,000명인 채널과 10명인 채널이 있다. 여러분이 진행자라면 어느 채널에서 후원을 더 받을 수 있을까? 단순히 인원 수에서 차이가 있으니 '10명보다는 1,000명의 시청자가 있는 채널에서 후원을 더 받지 않을까?'라고 생각할 수도 있다. 그러나 답은 시청자 수는 '상관 없다'이다.

왜 그럴까? 중요한 것은 단순한 시청자 수가 아닌 시청자 1명마다의 마음이기 때문이다. 1,000명이 있어도 모두 시청료를 내고 싶지 않으면 100원도 얻을 수 없다. 하지만 10명이 있어도 10명 모두에게 좋은 내용으로 다가갔다면 10명 모두 시청료를 내고 싶어할 것이다. 지극히 당연한 이야기인데 이상하게도 1인 방송하는 사람이나 콘텐츠 제작자들은 10명보다는 1,000명의 시청자를 원한다. 단순히 수치에 민감할 필요는 없다는 점을 알아야 한다.

 시청자, 내 편이 되어야 한다

이따금 뉴스로 보도되는 것이 뒷광고(광고 협찬인 것을 숨기고 홍보해 주는 일)를 하는 사람들이다. 시청자들로서는 허탈감 내지 배신감이 들 정도로 파급 효과가 크다. 구독을 해지하고 시청을 하지 않는다. 여기서 멈추지 않고 인터넷 방송갤러리(인방갤)나 커뮤니티에서 어느 어느 채널은 뒷광고도 한다는 식으로 부정적인 메시지를 전파하려고 한다. 이는 모두 시청자가 채널에 대해 실망감을 갖게 되어서 생기는 일이다.

그래서 시청자를 진행자 편에 서게 해야 한다. 시청자와 진행자(채널 운영자, 콘텐츠 제작자)가 친목이 생기고 온라인상에서라도 소통이 원활하다면 시청자가 진행자가 된다. 그렇게 되면 시청자는 같이 채널을 키워 나가는 입장이 되어서 시청자가 구독자를 데려오려고 한다든가 홍보에 나서기도 한다. 하다못해 시청자들이 광고주를 데려오는 일, 광고사에게 홍보해 주고 광고 협찬을 하라고 섭외하는 일도 생긴다. 진행자와 시청자 사이가 단순히 콘텐츠 생산자와 소비자의 관계를 넘어선 상황이 된다. 이는 시청자가 광고 협찬을 허락하는 단계이다.

한 걸음 더 나아가서, 채널에 소개된 광고에 대해 시청자들이 홍보 효과가 극대화되도록 돕는다. 해당 상품을 소비하는 데 동참하거나 주위 사람들에게도 알린다. 자신의 블로그나 SNS에 자발적으로 채널 홍보도 해 주고 광고 상품도 알려 준다. 때로는 그 광고 상품만 똑떼서 따로 글을 실으면서 호평을 쏟아내 주기도 한다. 이 사람이 누구인가 알아보다보면 그 상품을 광고한 채널의 시청자라는 것을 발견하는 경우가 많다.

이는 일종의 시청자가 진행자를 위해서 광고료를 만들어 주는 현상이다. 그 채널 자체가 진행자를 좋아하는 사람들의 커뮤니티가 되어 버린 것이다. 스타와 팬의 관계에서 더 나아가 한식구라고 할까? 게시판 등에서 오빠, 언니, 누나, 동생으로 부르는 정도로 가까워진 관계이다.

"어느 채널을 처음 봤는데 진행자가 저를 보고 형이라고 부르라고 하던데요? 그러면서 방송 내내 동생이라고 하는 거예요."

저런 말을 진행자가 하는 이유는 진행자가 시청자와 친해지는 방법 중에 하나이기 때문이다. 만약 콘텐츠 진행자에게 팀이 있다면, 진행자는 카메라를 보느라 시청자들을 일일이 볼 수 없지만 매니저가 게시판을 관리하면서 진행자에게 특정 닉네임을 알려 주기도 한다.

그렇다면 진행자나 게시판 매니저는 방송을 시청하는 시청자들의 닉네임을 어떻게 알 수 있을까? 그 비밀은 진행자의 방송 모습에 있다. 진행자는 모니터를 2~3개 정도 두고 방송을 한다. 하나는 자기 모습이 비춰지는 모니터, 다른 하나는 음악 선곡용이나 사다리게임 등 방송에 사용할 화면들을 미리 띄워 놓는 모니터, 또 다른 하나는 게시판 용도로만 보는 모니터이다. 띄우고자 하는 화면들이 많지 않다면 모니터 2개, 많은 화면을 띄워야 하면 모니터 3개를 놓고 방송을 한다.

그래서 방송 도중에 방송을 하면서 알고 있는(여러 번 본 기억이 있는) 닉네임들만 보이다가 새로운 닉네임이 들어오면 진행자가 반갑게 맞이해 준다. 이때 진행자는 새로운 손님과 빨리 친해지려고 한다. 그 수단으로는 나이를 물어보며 빨리 말을 트는 것이 가장 효과적이다.

혹시 '나는 그런 거 신경 잘 안 쓰는데'라고 생각하는 분도 있을 것이다. 그런 분들을 위해 예를 들어 보자. 여러분이 가게에 방문한다고 하자. 한 가게 주인은 여러분이 오면 아는 체를 해 주고, 다른 가게 주인은 여러분이 오든지 말든지 상관을 안 한다고 해 보자. 여러분은 어느 가게에 친숙함을 갖게 될까? 당연히 인사를 해 주는 가게일 것이다.

마찬가지이다. 유튜브 방송을 보는 시청자를 진행자가 아는 체해 주는 것과 안 한다는 것은 큰 차이이다. 진행자가 아는 체를 해 주면 어떻게 될까? 시청자는 시청을 멈추기가 애매해진다. 방송창에서 그냥 말없이 나가자니 매너가 아닌 것 같고, 계속 방송을 보고 있자니 시간이 흐르는 것이 부담이 된다.

방송 분위기를 봐서 진행자에게 인사를 남기고 나가려고 해도 방송은 끊기질 않는다. 게시판에서 글들이 주르륵 올라올 때는 인사글을 진행자가 못 볼까봐, 그냥 나갔다고 생각할까봐 머뭇거리고, 시청자들이 적을 때는 자기 혼자 대뜸 나가겠다고 하면 진행자가 혹여 머쓱해하지는 않을까 하는 생각을 한다.

"저는 그런 거 신경 안 쓰는데요? 그냥 나가 버리고 나중에 또 가면 컴퓨터가 다운되었거나 전기가 나갔었다고 하거나 와이파이가 끊겼었다고 하면 되지 않을까요?"

물론 가능하다. 그런데 진행자나 다른 시청자들로서는 여러분이 무슨 이유를 대건 '저 사람에게는 재미없었구나'라고 생각한다. 나름 최선을 다해 콘텐츠를 준비했다고 생각한 진행자들로서는 시청자가 1명 빠질 때, 구독자 수가 1명 줄어들 때 '그게 아니었나?' 하고 적지 않은 상실감과 충격을 받기도 한다. 간혹 진행자들이 시청자들을 향해 이런 말을 하는 경우를 본 기억이 있는지 생각해 보자.

"너희들 나한테 왜 그래?"
"내가 앞으로 잘할게."

진행자가 게시판 글을 읽어 주다가 위와 같은 멘트를 하기도 한다. 그러면 시청자들이 게시판에 다시 글을 올린다. 진행자는 이와 같은 방식으로 시청자들과 소통을 한다. 그런데 여기서 진행자가 한 가지 필수적으로 지켜야 할 게 있다.

카메라를 정면으로 보면 모니터 화면에 진행자 얼굴이 정면으로 나온다. 시청자 입장에선 진행자가 자기 얼굴을 정면으로 보고 이야기하는 것처럼 느낀다. 다른 시청자들이 있건 없건, 1인 방송이건 뭐건 간에 순간적으로 몰입한다. 흡사 진행자와 자기가 '영상통화'를 하고 있는 것 같은 착각에도 빠진다.

진행자가 특정 시청자를 부르며 대화하는 모습을 보이는 이유는 시청자들과의 관계 유지에 노력하는 것이 진행자들로서의 덕목 중에 덕목이기 때문이다. 채널을 키워 나가는 데 있어서 가장 필요하다. 단, 악플을 달거나 진행을 방해하거나 속칭 '선을 넘는 행위나 발언'을 하는 시청자를 제외하고 말이다.

'이' 시청자가
'그' 시청자예요
: 시청자는 다르지 않다

 1인 방송 플랫폼 고르기

크리에이터, 다시 말해서 '1인 방송'을 하겠다는 사람들에게 어느 플랫폼에서 할 것인지 질문을 해 보면 유튜브 외에도 여러 플랫폼을 이야기한다.

"저는 유튜브에서만 할 거예요."

"저는 트위치에서 할 건데요?"

"저는 아프리카TV에서 할 거고요."

"저는 유스트림이나 다른 플랫폼을 고르고 있어요."

"저는 페이스북하고 인스타그램에서 할 건데요."

플랫폼이 다르면 시청자가 다를까? 아니다. 시청자는 시청자이다. 플랫폼의 특성이 조금씩 다를 순 있지만 시청자들은 그 사람이 그 사람이다. '이' 플랫폼에서 1인 방송을 하니 '그' 플랫폼 시청자는 상관 없다고 볼 수 없는 이유이다.

진행자는 플랫폼을 선택해서 방송하지만 시청자들은 플랫폼에 상관없이 방송을 시청한다. 심지어 플랫폼에 오지 않고도 블로그, SNS, 커뮤니티에서만 시청하는 경우도 있다. 방송을 봤으면 채널에 와서 구독 버튼을 눌러 줘야 하는데 구독을 클릭하는 것조차 귀찮아하는 사람들이 많다. 진행자 입장에서는 어느 플랫폼 크리에이터라고 말할 수 있지만 시청자들은 "인터넷에서 봤어"라고 말하는 것과 같다.

다만, 시청자들이 선호하는 플랫폼이 있으므로 크리에이터 입장에서는 자기가 선택한 플랫폼의 특성에 맞추는 방식으로 시청자들을 배려해 주는 성의가 필요할 수는 있다. 가령, 게임방송이 주류인 플랫폼에서는 게임방송을, 유머 콘텐츠가 주류인 방송에서는 유머 콘텐츠를 제작하는 식으로 말이다.

"A 플랫폼과 B 플랫폼의 특성이 다르다면 시청자들도 다른 사람들이지 않을까요?"

시청자들은 플랫폼에 따라 움직인다기보다는 콘텐츠에 따라 움직인다. 자신이 원하는 콘텐츠를 시청하는 것이 시청자라고 보면 A 플랫폼이건 B 플랫폼이건 콘텐츠에 따라 시청한다는 의미가 된다.

여러분이 게임방송을 A 플랫폼에서 인기리에 진행한다고 하자. 이는 곧 게임방송을 즐기는 시청자들에게 알려질 것이고 시청자들은 B 플랫폼에 있든 A 플랫폼에 있든 여러분의 게임방송을 시청하러 기꺼이 올 것이다. 그러니 시청자를 구분지어 가르는 대신 콘텐츠의 차별화를 만들어 내는 데 주력해야 한다.

 ## ② '건빵'과 '영정각'? BJ 은어를 알아 두자

BJ들이 자주 사용하는 용어들이 있다. 시청만 하고 후원을 하지 않으면 '건빵', BJ가 규정을 넘는 행동을 할 경우 플랫폼 관리자가 그 채널 계정을 정지시킨다는 의미인 '영정각' 등처럼 방송 관련 은어들이 많다. 그런데 BJ들이 사용하는 은어를 크리에이터들도 알아야 할까, 모르는 게 나을까?

앞에서 알아본 바에 따르면, 이 시청자는 그 시청자라고 했다. 이는 시청자들은 다르지 않다는 의미이고, BJ들을 보던 사람들이 여러분의 콘텐츠도 보게 될 수 있다는 것과 같은 말이다. 이럴 경우, BJ들의 은어와 그 은어를 사람들이 싫어하는 이유를 알면 여러분만의 장점이 될 수 있다. 예를 들어, BJ방송에서 '건빵'이라는 용어를 사용하는 모습이 싫어서 그 BJ방송을 보지 않는 사람이 있다. 이 사람이 여러분의 채널에 왔다. 그런데 여러분이 콘텐츠에서 '건빵'이라는 은어를 쓴다면? 그 사람은 여러분의 채널에서도 나가 버린다. 여러분으로서는 시청자 1명을 놓친 것이고 구독자가 될 수 있는 1명을 돌려보낸 것이다.

이런 말을 하는 이유는 콘텐츠에서 해도 되는 말이 있고 해서는 안 되는 말이 있다는 것은 알고 있어야 한다는 점을 강조하기 위해서이다. 특정한 남혐, 여혐 단어는 특히 사용하지 않아야 한다. 여러분이 제작하는 여러분의 콘텐츠이기는 하지만 혼자서만 그 콘텐츠를 볼 것이 아니라면 그 콘텐츠를 시청하는 사람들은 따로 있음을 명심하자. 이왕이면 콘텐츠를 많이 사람들에게 보여야 하며 많은 사람들에게 이점이 있어야 하는데 굳이 안 해도 될 말을 하는 등의 부적절한 일을 만들 필요는 없다.

 ## ③ 유튜버가 유튜버를 안다

우리는 시청자를 고려하여 영상을 만들어야 한다. 구체적으로는 내 콘셉트에 맞는 시청자를 위해, 어린이 콘셉트면 어린이 시청자를 위해, 여성을 위한 콘셉트면 여성 시청자를 위해 영상을 짜야 한다. 이와는 별도로 고려해야 하는 대상 시청자가 있다. 바로 다른 유튜버들이다.

여러분이 유튜버라면 다른 유튜버들은 여러분의 직장 동료인 셈이다. 다른 플랫폼 시청자가 오는 경우도 있고, 크리에이터를 하지 않는 사람들이 시청을 하는 경우도 있지만 여러분이 유튜브에서 만든 채널의 시청자들 가운데는 반드시 유튜버가 있다. 여러분의 채널보다 평균 시청자와 구독자 수가 많은 유튜버일 수도 있다. 물론 상대적으로 그 반대의 경우도 있다.

어떤 유튜버가 되었든 유튜브 영상은 유튜버를 불러 온다. 다른 유튜버를 고려하면서 영상을 만들어야 하는 이유는 무엇일까? 유튜버가 유튜버를 찾기 때문이다.

생각해 보자. 유튜브에서 '좋아요', '구독'을 제일 원하는 사람은 누구일까? 바로 유튜버이다. 그렇다면 유튜버는 자기 콘텐츠만 업로드하면 바로 로그아웃하고 다른 일을 할까? 오로지 자기 채널에만 관심을 쏟고 자기 방식대로만 콘텐츠를 만들까? 이 반대다. 오히려 유튜버는 자신의 영상을 올리고 다른 유튜버들을 더욱 찾는다.

유튜버는 자신의 콘텐츠 외에 다른 유튜버들은 어떻게 일하는지, 다른 콘텐츠로는 어떤 것이 있는지 궁금해한다. 이는 유명 유튜버이든 초보 유튜버이든 똑같다. 그들은 유튜브에서 추천 영상, 이웃 영상, 관련 영상 등을 찾아보며 시장 조사를 한다. 관심 주제를 검색해서 관련 동영상을 시청하기도 하다. 때로는 유튜버가 다른 동영상의 시청자가 되기도 한다.

유튜버들은 기존 유튜버의 어려움을 알기도 하고, 경쟁 상대라면 더욱 분석을 해야 한다. 따라서 여러분의 채널에 유튜버를 위한 콘텐츠를 만드는 것은 시청률과 구독률을 높이는 데 도움이 된다. 조회 수를 높이려고 일반 시청자들을 찾으러 다닐 필요가 없다. 블로그나 SNS에 홍보를 하려고 궁리할 필요도 없다. 유튜버를 위한 콘텐츠들만 제대로 올려도 유튜버들이 찾아온다. 유튜버의 마음은 유튜버가 알아 준다.

3 시청자도 출퇴근을 합니다
: 시청자가 찾아오는 시간

 ① 콘텐츠 업로드 시간 정하기

"채널을 만들었어요. 저는 하루에 하나씩 매일 올리려고 하는데요?"

"너무 힘들지 않을까요? 빡빡할 것 같은데요."

"친구들은 일주일에 하나만 올리라고도 그러는데요. 뭐가 좋을까요?"

"업로드 시간대는 언제로 생각하시는데요?"

"네?"

콘텐츠를 만들면 그 즉시 채널에 업로드해서 올리는 사람들이 있다. 콘텐츠를 만드는 것은 빨리 보이려고 하는 것인데 갖고 있어봤자

기분도 별로고, 빨리 올려야 많은 사람들이 볼 것 아니냐며, 남들보다 빠른 것이 좋은 것 아니냐고도 말한다. 과연 그럴까?

시청자들에게는 출퇴근 시간이 있다. 여기서의 출퇴근이란, 회사에 출퇴근하는 것이 아니다. 시청자들이 유튜브에 접속하거나 접속 상태를 끊는 시간대를 말한다. 시청자들이 유튜브에 접속하는 시간대는 일반적으로 사람들마다 다른데 직업별, 성별마다 다 다르다. 회사에 출퇴근하는 사람들은 아침 8시부터 9시 사이, 저녁 6시부터 7시 사이, 밤 10시 이후에 접속을 하는 경우가 많다. 출근 시간과 퇴근 시간, 집에 도착해서 잠자리에 드는 시간대와 일치한다.

자영업을 하는 사람들은 오전 11시 전까지, 오후 2시부터 4시까지, 저녁 10시에 접속하는 경우가 많다. 식당을 운영하는 사람들은 조금 한가해지는 시간대에 접속한다. 대학생들은 강의 시간대를 제외한 시간대에 주로 접속하고, 중장년층은 유튜브에 직접 접속한다기보다는 지인들로부터 SNS나 카카오톡으로 전달받은 콘텐츠에 접속하는 경우가 많다. 유튜브 시청자들도 유튜브에 출퇴근을 하는 셈이다.

그래서 콘텐츠를 업로드하거나 1인 방송을 할 때는 채널의 주 타깃층 시청자를 고려해서 시간대를 전략적으로 정해야 한다. 콘텐츠를 유튜브에 올리고 싶은 사람 마음대로 아무 시간대에나 올리지 말고 시청자가 유튜브에 출근하는 시간대를 우선적으로 고려해야 한다.

여러분이 드라마를 본다고 하자. 저녁식사까지 막 마쳤고 커피를 한잔 마시려고 준비해서 거실 소파에 앉았는데 마침 드라마가 시작한다면 여러분의 기분은? 중요한 것은 타이밍이다. 설령 보고 싶은 드라마가 아니라 처음 보는 드라마라고 하더라도 중간부터 보고 싶은 마음이 들까, 아니면 처음부터 보는 것을 좋아할까? 같은 이치이다. 드라마를 여러분의 1인 방송이라고 생각해 보자.

콘텐츠도 크게 다르지 않다. 유튜브에 접속했는데 여러분의 채널에 이제 갓 올라온 콘텐츠가 있다. 시청자 입장에서는 기분이 어떨까? 새로 막 올라온 콘텐츠를 보는 것이 기분 좋을까, 아니면 몇 시간 전에 올라와 있는 콘텐츠를 보는 것이 기분 좋을까? 새로 올라온 콘텐츠에 손이 먼저 가지 않겠는가. 그래서 원하는 시청자의 활동 시간에 맞춰 콘텐츠를 업로드하는 태도가 필요하다.

콘텐츠를 일정한 시간에 올리려면 콘텐츠 만드는 시간이 따로 존재해야 한다. 콘텐츠는 시청자가 유튜브에 출근하는 시간을 피해서 만들어야 한다. 시청자가 퇴근한 후, 시청자가 유튜브에 출근하기 전에 만들어 둔다. 시청자들이 유튜브에 머무는 시간대에는 1인 방송을 하거나 새로운 콘텐츠를 올려 두는 것이 좋다. 그마저 다 했다면 시청자 입장이 되어 유튜브에서 채널 시장 조사를 하도록 한다. 콘텐츠를 만드는 시간은 시청자의 유튜브 출근 시간대와 겹치지 않도록 하자.

② 시청자의 출퇴근 공략하기

1인 방송을 하는 경우라면 시청자의 유튜브 출퇴근 시간대에 맞춰서 진행하도록 하자. 이는 손님이 몰릴 때 가게 문을 여는 것과 같다. 1인 방송의 소재와 스토리를 준비해 두고 기다렸다가 시청자들이 유튜브에 접속하는 시간대에 맞춰서 방송을 켜자.

"방송 시간대를 미리 공지해 두고 시청자들이 맞춰서 찾아오는 것과 비교하면 어느 쪽이 좋을까요?"

이 역시 시청자들이 출근하는 시간대에 맞춰서 방송을 시작하는 것과 다를 바 없는 이야기이다. 방송 시간대를 미리 공지해 주는 것도 시청자들의 입장에서 방송을 시청하기에 편리한 시간대를 정해 주는 것이기 때문이다.

③ 시청자의 화면 크기 공략하기

여러분 채널의 시청자들이 데스크톱 컴퓨터를 사용한다면 콘텐츠나 1인 방송을 할 때는 배경을 꾸미는 것이 좋다. 되도록 아기자기하게 소품을 배치하거나 모니터 앵글(카메라 앵글)을 염두에 두고 모서리를 포함해서 잘 정돈하자.

　시청자들은 1인 방송을 볼 때 내내 진행자만 보지는 않는다. 진행자 주위의 벽지도 보고, 소품, 인형, 바닥도 본다. 화면에 비춰지는 모든 것이 콘텐츠이다. 시청자들이 여러분의 콘텐츠에 관심을 갖는다는 것은 여러분의 콘텐츠 화면에 집중한다는 것과 같다. 그러니 모니터 화면을 채우도록 한다.

　반면, 스마트폰으로 시청하는 사람들이 많을 경우에는 되도록 배경을 간소화시킨다. 진행자만 등장해도 된다. 뒷배경으로는 단색으로 벽지를 바르거나 페인트를 칠해 둔다. 시청자의 시선이 온전히 진행자에게 집중되도록 한다. 화면 크기가 작기 때문에 시선이 분산될 소지가 적다. 그럼 시청자는 진행자에게 집중하게 된다.

시청자의 나이가 중요해요

: 시청 연령대 정하기

 ① 콘텐츠 연령대

콘텐츠는 미성년자용과 성인용으로 구분된다. 여러분은 어느 연령대를 위한 콘텐츠를 만들 것인가?

"유튜버들이나 유튜브 시청자들이나 성인들이 많으니까 성인 콘텐츠를 만들면 시청자들이 많이 생길 것 같은데요?"

그렇다면 광고를 예로 들어 생각해 보자. 어느 콘텐츠에 어떤 광고들이 많이 들어올까? 광고를 보는 시청자는 누구일까? 광고를 보고 구매에 나서는 이들은 누구일까?

"광고는 시청자들이 많이 보는 콘텐츠, 조회 수가 높고 구독자가 많은 채널에 올라오는 콘텐츠가 아닐까요?"

시청자들이 많이 보는 콘텐츠라는 의미에는 시청자들이 많아야 한다는 전제 조건이 필요하다. 그럼 어떤 시청자가 많을까? 이를 알기 위해 우선 유튜브 사용 국가들을 살펴보자. 기본적으로 인구가 많은 나라에서 많이 볼 것이라는 사실을 알 수 있다.

인구가 많은 나라라고 하면 중국이나 인도? 하지만 중국에선 유튜브 사용이 불가능하다(중국에서는 자체 동영상 플랫폼을 사용한다). 그렇다면 인도? 인도 콘텐츠를 만들면 시청자가 많을까? 그런데 인도는 영어를 쓰는 이들이 많다. 그렇다면 영어 사용자들을 위한 콘텐츠는 어떨까?

유튜브에서 사용자층이 많은 콘텐츠는 영어로 된 콘텐츠이다. 이는 영어 학습 콘텐츠가 아니라 영어를 사용하는 사람들을 대상으로 만든 콘텐츠를 의미한다. 영어권 국가들 및 세계에서 영어를 사용하는 사용자들이 유튜브에서도 많이 보는 콘텐츠가 영어로 만들어진 콘텐츠이다. 그래서 영어 콘텐츠를 만들면 광고 게재를 더 많이 할 수 있다.

이번엔 다시 '나이'에 대해 생각해 보자. 미성년자보다는 성인들이 콘텐츠를 많이 만든다. 그런데 시청자 수는 성인들이 많을까, 미성년자가 많을까? 성인과 미성년자가 함께 만드는 콘텐츠는 없을까?

가령, 성인 유튜버가 미성년 자녀들을 출연시키는 콘텐츠를 만든다고 하자. 대표적으로 어린이용 장난감 사용 후기를 올리는 콘텐츠, 장난감으로 노는 모습을 담은 콘텐츠가 있다. 이러한 콘텐츠는 부모들이 아이들이 보챌 때 스마트폰을 건네며 보여 주는 콘텐츠로 인기를 얻었는데 콘텐츠에 등장한 장난감들의 매출이 올라가는 현상까지 이어지기도 했다. 콘텐츠에서 장난감을 본 자녀들이 그 부모를 졸랐을 것이 분명하다.

이처럼 성인과 미성년자가 함께 제작하고 출연하면 시청자층이 그만큼 넓고 콘텐츠 속에 노출된 상품의 매출 효과까지 기대할 수 있어서 '브랜디드 광고'에 의한 수익 콘텐츠까지도 얻을 수 있다. 다시 말해서, 콘텐츠를 만들 때는 대상 시청자들이 많아야 한다는 점을 알 수 있다. 단순히 성인용 콘텐츠가 되어야 한다거나 미성년자용 콘텐츠가 되어야 한다는 의미가 아니다. 콘텐츠 연령대를 고려해야 하는 점에서 언어적으로는 영어권 시청자들을 대상으로 하는 콘텐츠가 유리하고 내용적으로는 성인과 미성년자가 함께 볼 수 있는 콘텐츠가 유리하다는 의미이다. 유리하다는 의미는 많은 시청자들에게 보일 수 있는 기회를 갖기 쉽다는 의미이다. 한 가지 미리 짚어 두자면, 한국인이라서 한국 콘텐츠를 선호하는 시대가 아니라는 점을 알아야 한다. 영어는 기본이며 제2외국어, 제3외국어를 구사하는 사람들이 많다. 유튜버가 되기로 하면서 영어 콘텐츠를 만드는 사람도 적지 않다.

또한 콘텐츠 시청과 무관하게 구독 버튼을 누르는 것은 시청자가 아닌 다른 사람일 수도 있다는 점, 미성년자가 콘텐츠를 시청하더라도 그 전에 성인이 미리 콘텐츠를 볼 수 있다는 점, 콘텐츠를 만들 때에는 콘텐츠의 나이가 명확하게 드러나는 것이 이익이라는 점을 의식하자. 이른바 나이 타깃팅이다.

콘텐츠는 성인들이 시청하지만 성인들이 미성년자에게 권해 줄 수 있는 콘텐츠를 만들면 좋다. 그런 콘텐츠는 시청자가 최소 2배가 된다. 성인 콘텐츠는 성인만 보고 끝나지만 미성년자 콘텐츠는 부모가 보고 아이들에게 추천해 준다. 시청자 수를 더 많이 확보할 수 있는 효과적인 방법이다.

▶ 찐~Tip 브랜디드 광고(Branded AD)

콘텐츠 시청자가 많아 구독자 수가 높은 유튜버들에게는 기업들이 광고 콘텐츠 제작을 의뢰하는데, 이 경우 기업의 특정 상품을 소재로 콘텐츠를 만들어 게시하는 것이 브랜디드 광고에 속한다. 인기 유튜버들은 콘텐츠상의 광고 수익보다도 브랜디드 광고료 수입이 더 많다.

신문에는 기업체로부터 광고 의뢰를 받고 기사화하여 게재해 주는 방식인 '기사화 광고(애드버토리얼 : Advertorial)'가 있고 TV 프로그램에는 기업체로부터 광고 의뢰를 받고 드라마나 각종 프로그램에 상품을 노출해 주는 PPL(프로덕트 플레이스먼트 : Product Placement)이 있다. 인터넷 콘텐츠에서의 브랜디드 광고와 비슷한 개념이다.

② 성인을 위한 콘텐츠

앞서 나이에 맞는 콘텐츠를 알아보았다. 그렇다면 성인을 위한 콘텐츠란 무엇일까? 만 19금 콘텐츠로서 만 19세 이상의 시청자만 볼 수 있는 내용을 담은 콘텐츠? 술 마시는 장면이나 담배 피는 장면이 들어간 콘텐츠? 유료 콘텐츠? 성인만을 위한 콘텐츠라고 한다면 언뜻 쉽게 알 수 있을 것 같으면서도 알쏭달쏭한 부분이 있다.

"인터넷에서 성인 콘텐츠를 구분하는 이유는 미성년자가 시청하기에는 정서발달 등에 악영향을 끼치기 때문이 아닐까요? 미성년자는 시청하지 말라는 의미로 성인 콘텐츠라고 구분해 두는 것이고요."

그렇다면 그 악영향이란 것은 누가 판단하는 것일까? 이 질문은 성인 콘텐츠를 따로 구분하려고 하자 일부 크리에이터들이나 스트리머들이 '인터넷에서는 자유분방한 콘텐츠를 만들도록 허용해야 한다'고 주장하면서 나오는 질문이다. 인터넷이라는 공간의 특성상 자유로움이 특성인데 그것을 정부의 규제로 강제하려고 한다면 안 된다고도 주장한다. 인터넷 이용자들이 자율 규제 능력이 없다고 볼 수도 없는 것이고 인터넷 콘텐츠에 대한 그 악영향을 누가 판단할 것이냐고도 되묻는다.

"시청률을 높이려고 그런가… 센 콘텐츠들이, 자극적인 내용들이 생기는 거 같긴 해요."

이 말에 대해 크리에이터들이나 스트리머들은 또 말하기를 자극적인 콘텐츠들이 있어서 정부가 규제한다고 하는데 그게 자극적인지 아닌지를 누가 판단할 것인가라고도 되묻는다. 이는 규제를 하지 말아 달라는 의미로 보인다.

그런데 어떤 콘텐츠에 대해 순기능과 역기능이 있다고 볼 때, 굳이 역기능이 있는 콘텐츠를 장려할 필요는 없다고 보는 것이 당연하다. 역기능이 있는 콘텐츠가 보였을 때 누군가라도 개입을 안 하면 더 큰 문제가 될 수 있기 때문이다. 시청률만을 얻기 위하여 콘텐츠를 만드는 사람들 중에는 '구체적인 역기능 사례'가 어떤 것이 있냐고 되물을 수 있다. 역기능 콘텐츠에 동조하는 것은 아니지만 반박을 하려면 사실을 대라는 식으로 주장할 수도 있을 것이다.

그러나 이러한 사람들의 요구는 스스로 이 문제를 이해하지 않으려 한다는 것이며 문제를 지적하고 개선하려는 사람을 향해서 '나는 이해하지 못하겠으니 구체적인 사례를 제시해서 나를 이해시켜라'라고 반박하려는 것일 뿐이다. 어떠한 사례를 든다고 하더라도 또 다시 반박할 것으로 보이기도 한다. 자기가 이해 못하겠다고 하면 끝이니 그렇다.

'똥인지 된장인지 꼭 먹어 봐야 아는가?'라는 말이 있다. 나쁘다는 것을 나쁘다고 말하는데 그것이 왜 나쁜지 이유를 대라는 사람들이 있다는 의미이다. 자기가 이해 못하는 것을 세상 사람들이 이해 못하는 것으로 위장하는 식이다.

인터넷에서 성인 콘텐츠를 구분해서 미성년자의 시청을 가능한 한 제한하는 것, 사회적으로도 공감받지 못하는 콘텐츠를 제한하는 것은 유튜버로서도 스스로 먼저 추구해야 할 일이다.

가령, 사회적으로 물의를 일으킨 사건들 중에는 '인터넷에서 보고 따라 해서'라는 사건들이 있다. 사람들이 인터넷의 영향으로 악하게 변해 간다면 이를 누가 책임질 것인가? 사리판단할 줄 아는 성인들로서는 인터넷에서 어떤 콘텐츠를 보더라도 옳고 그름을 받아들인다. 하지만 일부 몰지각한 성인들이나 미성년자들에게는 그렇지 않을 수가 있다. 인터넷에서 성인 콘텐츠를 구분하고 가능한 한 시청자층을 제한해야 하는 이유다.

그러므로 '성인을 위한 콘텐츠'로 시청자의 나이를 구분하면 시청자 수가 적을까 봐, 구독자가 생기지 않을까 봐 우려할 필요가 없다. 오히려 시청자 연령층에 의한 타깃이 구체화되면서 시청자 수가 늘어나고 구독자가 몰릴 수 있다. 유튜버로서 자신만의 차별화가 될 수 있는 묘안이기도 하다.

여러분이 유튜버로서 가지기를 바라는 마음가짐은 여러분이 만드는 콘텐츠의 순기능과 역기능을 고려해서 만들자는 것이다.

생각해 보자. 여러분이 성인 콘텐츠를 만들었다. 그 콘텐츠의 순기능과 역기능에 대해서 구분하는 기준점은 다음과 같다. 여러분의 자녀나 친인척들에게 자랑스럽게 보여 줄 수 있다면, 그들도 여러분의 생각에 동의한다면 그것은 괜찮은 콘텐츠이다. 하지만 그 반대의 경우라면 그것은 자극적이고 해악성이 있는 콘텐츠이다.

"인터넷에서는 불특정 다수가 보니까, 혹은 크리에이터나 스트리머가 모르는 사람들이니까 자극적으로라도 만들어서 시청자 수만 높으면 괜찮다고 생각하는 거 아닐까요?"

크리에이터나 스트리머가 모르는 사람들이라서 괜찮은 것이 전혀 아니다. 콘텐츠 시청자들은 누군가의 자녀, 누군가의 친인척, 누군가의 선생님이기 때문이다. 모르는 사람들에게 보이는 것이니까 괜찮다고 생각하지 말고 내 가족에게, 내 지인에게 보여도 좋을 만큼 좋은 콘텐츠를 만들자. 조회 수만 높으면 된다고 생각해서 '무조건 자극적인 콘텐츠만을 만들면 안 된다.

여러분이 만드는 콘텐츠 1개가 누군가의 영혼을 파괴할 수도 있다는 생각을 한다면 '무조건 자극적인 콘텐츠를 만들면 안 된다'는 생각을 하게 될 것이라 믿는다. 인터넷에 콘텐츠 1개를 만들어 올리더라도 사람들에게 도움이 되는 콘텐츠, 세상에 유익한 콘텐츠가 되어야 한다. 그렇게 시간이 지날수록 여러분이 더 나은 콘텐츠를 제작할 것이라고 생각한다.

자극적인 콘텐츠를 규제한다는 정부 당국자를 뭐라고 할 것이 아니다. 누군가의 눈에는 자극적인 콘텐츠가 있어서 정부에 민원을 넣은 것이고, 그래서 정부 당국자가 움직이는 것뿐이다. 자극적인 콘텐츠를 누가 판단할 것인가 주장하는 것은 앞뒤 상황을 모르는 어리석은 고백밖에 안 된다. 그런 주장을 하는 사람의 콘텐츠 때문에 누군가의 영혼은 이미 피해를 입었다.

 ③ 부모의 선택을 받는 콘텐츠

부모는 콘텐츠를 보고 아이들에게 권해 준다. 이는 주로 '가족' 콘텐츠를 말한다. 가족 콘텐츠란 성인이나 미성년자를 특정 지어서 홍보를 하는 것이 아니라 가족을 대상으로 만드는 콘텐츠다. 가족끼리 올 만한 여행지, 가족을 위한 온천, 부모님에게 효과 있는 선물, 자녀들의 미래를 위한 책 등처럼 가족으로 묶거나 부모 혹은 자녀에게 호소하는 콘텐츠이기도 하다.

이런 콘텐츠는 부모의 선택을 공략하는 콘텐츠가 되어야 한다. 가족이건, 부모이건, 자녀들이건 세분한다고 해도 그 1차 타깃은 부모가 된다. 앞에서 이야기했듯이 '부모는 콘텐츠를 보고 아이들에게 권해 주므로' 그렇다. 부모의 선택을 공략하는 콘텐츠를 만들 때는 자녀들을 생각하여 가족을 이끌어 가는 부모의 입장에서 기획하고 촬영하고 편집해서 업로드하는 것이 중요하다. 이러한 과정을 거쳐 만들어진 부모를 공략하는 콘텐츠는 가족 전체 구성원을 시청자로 확보할 수 있다.

5 내 마음대로가 아닌, 시청자 마음대로예요

: 시청자님, 무엇을 원하십니까?

① 독창적인 콘텐츠가 중요하다

우리는 앞서 시청자의 출퇴근, 연령대, 공통적 특징 등을 살펴봤다. 이를 바탕으로 독창적인 콘텐츠를 만들어야 할 것이다. 그렇다면 어떤 콘텐츠를 만들어야 할까? 사실상 이 부분이 초보 유튜버들이 제일 고민하는 부분일 것이다. 결과적으로 말하자면, 어떤 콘텐츠를 만들 것인가 고민하지 말자. 단순히 시청자들이 원하는 콘텐츠를 만들면 된다.

식당에 비유해 본다. 시청자들이 원하는 콘텐츠를 만들어 줬다는 것은 손님이 원하는 음식을 만든 것이라고 생각해 보자. 손님이 들어온다. 메뉴판을 보고 주문한다. 식당을 알고 들어오지 않은 이상은 그식당의 시그니처 음식을 시키지는 않고 손님 스스로 먹고 싶은 메뉴를 주문한다. 그 음식을 식사하고 계산을 지불하고 "잘 먹었습니다"라는 말을 하고 나간다. 진심으로 자기가 먹고 싶은 음식을 잘 먹었다는 것은 그 손님은 단골이 되지 않을 이유가 없다는 의미이다. 식당 주인은 손님이 원하는 음식을 만들어 줬을 뿐인데 말이다. 손님은 자신이 원하는 음식을 먹었을 때 그 맛을 기억하고 다시 찾게 된다. 우리는 이 예시에서 결국 어떤 종류가 되었든 시청자의 입맛에 맞는 콘텐츠를 만들면 된다는 점을 알아야 한다.

"시청자들이 열광해서 시청하고 기꺼이 구독하는 콘텐츠를 만들고 싶어요."

콘텐츠 제작자라고 해서 콘텐츠를 만들면서 자기 마음대로 하는 것은 금물이다. 콘텐츠 제작자는 주도적인 제작자가 아니라 수동적인 제작자가 되어야 한다. 다만, 모든 행동과 양심이 수동적이라는 것이 아니라 시청자가 원하는 '수요'에 따라 '공급'을 해야 한다는 의미다.

"다른 콘텐츠와 차별화해서 자기만의 콘셉트로 만드는 거 아닌가요?"

맞다. 다만 그 기준을 제작자 기준이 아니라 '시청자 기준'에 맞추라는 이야기이다. 한 가지 더 예를 들어 보자. 초밥 식당에 손님이 왔다. 이곳은 초밥이 싸고 맛있어서 손님이 많이 몰리는 곳이다.

그런데 초밥을 만드는 주방장은 1명인데 손님이 많다보니 난감할 때가 많다. 기존 방식대로 초밥을 만들자니 먼저 주문한 손님에게 먼저 만들어 주게 되어 다른 손님들은 오래 기다려야만 했다. 손님들 간에 주문한 초밥이 다를 경우에는 재료 준비를 하는 데도 시간이 더 필요했다.

초밥 주방장은 고민이 되었다. 그리고 아이디어를 냈다. 여러 재료로 초밥을 만들었지만 대부분 인기가 있는 초밥은 제한적이라는 사실을 알았다. 어느 초밥은 언제나 많이 팔렸는데 상대적으로 찾지 않는 초밥은 덜 팔렸다. 그래서 초밥 주방장은 가게 안에 초밥용 컨베이어 벨트를 도입했다.

초밥 주방장은 가게 한쪽에 서서 초밥만 만들고 컨베이어 벨트 위에 초밥 접시를 올려 두면 초밥 접시가 컨베이어 벨트를 타고 손님들에게 자동으로 다가가도록 했다. 많이 나가는 초밥은 많이 만들어서 미리 올리고, 적게 나가는 초밥은 주문이 들어오면 만들었다. 사람들은 자신이 원하는 초밥을 기다리는 동안에 많이 먹는 초밥들을 먹을 수 있게 되어 기다리는 느낌이 덜해졌다. 가게에 오는 손님들은 더욱 늘었다. 이 예시에서의 주방장은 초밥 식당이라는 콘텐츠는 그대로 유지하면서 회전이라는 키워드를 추가해 손님들이 원하는 대로 포맷을 바꿨더니 대박을 친 것이다.

초밥 주방장이 자기 고집대로 '나 혼자 만들어 건네줄 테니 기다리며 먹어'라는 포맷을 유지했다면 그 가게는 어떻게 되었을까? 손님들은 처음에는 기다리며 식사를 하더라도 나중에는 그 식당이 가진 단점으로 인해 다른 초밥집을 찾을 것이다.

'저 식당은 기다려야 해. 나는 시간이 없으니까 다른 데를 찾아가야지.'
'저 식당은 초밥이 맛있긴 한데 기다려야 해. 손님 모시고 갈 만한 곳은 아냐.'
'오늘도 손님이 줄을 섰네? 저긴 언제나 저렇지.'
'오늘은 초밥이 당기는데. 어느 식당엘 갈까? 응? 거긴 가지 말자. 기다릴 게 뻔하잖아.'

물론 고정 단골로 유지될 수 있겠지만 그것도 시한이 다 되면 영업상 어려움을 겪을 것이 뻔하다. 이는 손님의 요구대로 제대로 빠르게 공급을 하지 않아서 생기는 문제이다. 콘텐츠도 마찬가지이다. 제작자 주관대로 콘텐츠를 만들면, 콘텐츠를 기다리던 시청자들은 점차 흥미를 잃을 것이다. 하물며 기대하며 본 영상이 시청자의 입맛에도 맞지 않는다면? 점차적으로 시청자가 콘텐츠를 기다리는 시간은 더욱 짧아질 것이다.

"인기 동영상을 모니터링하는데요, 어느 부분이 시청자들에게 어필하는 건지 잘 모르겠어요."

이런 질문을 하는 이들에게는 댓글을 꼭 보라고 말하고 싶다. 시청자들의 요구는 다른 동영상들의 댓글을 보면 잘 드러나 있다.

"궁금증이 풀렸어요!"

"그 다음 스토리가 궁금해요."

"배경 음악 뭐예요?"

"난 이런 이야기 진짜 좋더라."

여러분이 인기 동영상을 모니터링한다는 것은 여러분이 직접 보고 여러분 스스로가 판단하라는 의미가 아니다. 인기 동영상이라는 상품(콘텐츠)을 소비하는(시청하는) 소비자(시청자)들의 반응(댓글)을 읽어 보며 시청자들이 어떤 이야기를 좋아하는지, 어떤 흐름을 좋아하는지, 배경 음악으로는 무엇을 좋아하는지, 정서는 무엇인지를 파악하라는 것과 같다.

인기 동영상을 모니터링할 때는 한 번 시청한 뒤에 여러분의 느낌을 정리하고, 마지막으로 댓글에서 다른 시청자들의 반응을 캐치하는 것이 중요하다. 최종 의견은 시청자 의견 중심으로 모아야 하는 것도 물론이다.

② 시청자를 불러모으는 SNS 콘텐츠

처음 유튜브 활동을 하는 사람들은 인지도가 적다. 아예 없는 경우도 대부분이다. 그래서 1인 방송을 해도, 동영상을 게시해도 시청자 수가 적다. 어떻게 하면 시청자를 확보할 수 있을까? 이런 경우에는 각자의 SNS를 활용하도록 한다.

채널을 만들 계획을 세웠다면 SNS부터 시작하자. 카페에 가입하고, 블로그를 만들어 이웃 추가를 하고, 블로그 이웃에 자주 방문해서 댓글을 남기며 답방도 하는 등 친목을 만들어 둬야 한다.

페이스북과 인스타그램에도 가입해서 팔로워들을 챙기고 팔로윙을 하며 친구 추가를 늘려 나간다. 그들은 나중에 채널을 만들었을 때 첫 시청자와 구독자가 되어 줄 인맥들이 된다. 하루 아침에 채널을 만들자마자 시청자가 급증하고 구독자가 확 생기는 경우는 없다. 모든 일에는 사전 준비가 있어야 한다.

"커뮤니티에서는 홍보 잘못 올리면 정지를 당하거나 강퇴당하는데요?"

커뮤니티에는 사용자가 많다. 길게는 20년 넘도록 유지되는 사이트도 있는데 모인 동기 자체가 특정 게임, 지역, 취미를 중심으로 생긴 곳들이 대부분이다. 그래서 사용자들 간에 친목이 두텁다. 그들 나름의 홍보글을 판단하는 기준도 있으며 낯선 닉네임으로 새 글이 올라오면 가입 시점도 확인하고, 그 아이디가 이전에 쓴 글 목록도 확인하면서 낯선 이들에 대해 경계심 아닌 경계심을 갖고 스캐닝(Scanning : 검사, 조회)하기도 한다. 그래서 불순한 의도의 글(광고, 홍보)이 보이면 그 사람을 강퇴시킨다.

여러분이 커뮤니티에 가입하고 글 하나 올렸는데 삭제당하고 퇴장당했다면 바로 이와 같은 이유일 것이다. 목적이 너무 빨리 드러났기 때문이다. 최소한 몇 개월 이상은 커뮤니티에서 같이 활동하며 추천도 누르고 의견도 달고 어울리며 활동해야 한다. 여러분에 대해 다른 사용자들이 스캐닝해서 정체를 파악할 수 있도록, 같은 커뮤니티 사람이라고 동질감을 갖도록 만드는 시간은 필수적이다.

물론 글처럼 쉬운 것은 물론 아니다. 하지만 해야만 하는 과정이긴 하다. 커뮤니티에 올린 글들을 모아서 책으로 낸 작가도 있고, 커뮤니티에서 활동하며 많은 사람들로부터 신뢰를 받는 전문가도 있다. 어찌 보면 커뮤니티 활동이나 채널 운영이나 크게 다를 바 없다는 사실을 알게 된다.

정리하자면 SNS에서는 인맥 만들기가 중심이 되어야 한다. 콘텐츠는 그들의 흐름을 따라가도록 하자. 채널 운영에 도움이 되는 팬들이 따라온다.

'야외방송'이라고 불리는, 인기 크리에이터들에 비해 상대적으로 인지도가 낮았던 신인 크리에이터들의 핵심 콘텐츠인 '길거리 생방송'은 한때 주류가 되었다가 어느덧 다시 그 인기세가 수그러든 분위기이다.

가령, 남자 시청자들 위주로 만들어진 '거리에서 이성을 헌팅'하는 콘텐츠들(실제로 여성 입장에서는 거리에서 호감을 보이는 것 자체에 대해 거부감을 갖는 경우가 더 많다. 헌팅이 성공하는 모습은 의도적으로 각본에 의해 미리 섭외된 이들과 함께하는 모습들이 대부분이었다) 이 주목을 받기도 했다. 버스킹을 하거나 노래 경연을 하는 콘텐츠들도 출연자가 미리 섭외되었거나 장소 사용료를 미리 지불하고 제작되는 콘텐츠들이었는데 시청자들로부터 큰 인기를 끌고 조회 수가 높았다. 거리에서 누군가를 우연히 만나는 장면 또한 미리 짜인 상황이었다. 심지어 현장 섭외를 한다며 카페에 들어가거나 주점에 들어가서 촬영 협조를 하는 상황도 미리 협의를 마친 후에 카메라에서는 처음 보는 곳처럼 만들어 갈 뿐이었다. 이는 카메라에 보이는 모든 것이 각본이라는 의미이다.

> "길거리 생방송은 계획된 것으로 보이진 않았어요!"

길거리 생방송을 하려면 기억하도록 하자. 시청자들은 날 것 그대로의 느낌을 좋아한다. 시청자들은 전혀 모르는(잘 짜인) 돌발 상황에 대해 호기심이 증폭된다. '세상에 저런 일이 가능한 거야?'라고 생각하고 점점 더 몰입한다. '다음 순서로 누가 나올까? 이 다음엔 어떤 일이 벌어질까? 저 골목을 지나면, 그 모퉁이를 지나면 또 누가 나올까?' 등을 생각하면서 기다리며 화면에서 눈을 떼지 못한다. 결국 길거리 생방송이란 콘텐츠 자체가 주는 '날 것 그대로의 느낌'이 시청자들을 붙잡아 두는 셈이다.

낚시방송을 예로 들어보자(시청자들을 낚는다는 의미가 아니라, 실제 낚시를 하는 상황을 방송하는 것이다). 낚시방송은 대본을 짤 수가 없다. 물고기랑 대본을 미리 짤 수는 없는 것 아닌가? 그래서 낚시방송은 은근히 인기가 많다.

하루 종일 낚시했는데 한 마리도 못잡으면 그것도 그 나름대로 콘텐츠가 될 수 있기 때문에, 제작자 입장에서도 시간 낭비 하는 것이 아니다. 시청자는 시청자대로 '혹시 조만간 물고기가 잡히지 않을까?'를 기대하며 화면 속의 '찌'를 보고만 있다. 정작 그 찌에 낚인 것은 시청자 자신이라는 사실도 모른다. 그러다가 한 마리라도 실제로 낚아 올리면 시청자들도 쾌감을 느낀다. 그러면서 그 채널에 더더욱 몰입하게 된다.

동물 콘텐츠가 인기를 끄는 것도 같은 이치이다. 동물들하고는 대본 협의가 안 되기 때문이다. 동물들이 시시각각으로 만들어 내는 상황들은 고스란히 콘텐츠가 된다.

④ 시청자가 구독하기 버튼을 누르는 이유

구독하기의 세 가지 요소에는 '재미', '필요 정보', '진행자 호감'이 있다. 콘텐츠가 재미가 있을 때 구독을 눌러서 정기적으로 콘텐츠 업로드를 기다린다. 시청자에게 필요한 정보를 담고 있거나 새로운 정보가 업로드되는 꾸준한 채널이어도 구독하기를 누른다. 또 다른 한 가지 요소는 진행자에 대한 호감이다. 이는 일종의 스타와 팬의 관계라고 할 수 있다. 그 사람의 외모나 말투나 음성이 호감 요인이 될 수도 있다.

'채널 구독'이란 신문을 구독하는 것이나 사람과 사람 사이에 연락처를 교환하는 것에 비유될 수도 있다. 채널과 시청자 사이에 연결고리가 생기는 것이기 때문이다. 사람과 사람 사이라면 '당신의 연락을 받겠다' 혹은 '당신의 이야기를 듣겠다'라는 의미가 된다. 즉, 채널 구독하기는 그 채널이 시청자들의 욕구를 충족시키거나 시청자의 마음을 얻었거나 시청자들에게 필요한 정보를 제공해 줄 수 있다는 것과 같다.

그래서 제작자는 채널을 운영하되 구독자를 유지하거나 더 확보하기 위하여 여러 채널을 만들게 된다. 콘텐츠를 제작하다 보면 그런 느낌이 오는 순간이 있는데, 각기 다른 시청자들의 수요를 맞춰 주려면 채널을 더 만들어야겠다고 생각하는 시점이다. 플랫폼을 분석하다 보면 어떤 콘텐츠가 필요하겠다 싶을 때가 있고, 시청자 댓글을 분석하다 보면 특정 콘텐츠를 요구하는 시청자들이 많아지는 때가 있다. 이는 시청자들이 채널을 구독하는 이유를 알게 된다는 의미이다.

한 채널을 운영하면서 새로운 채널을 또 만들면 구독자들도 더 생긴다. 물론, 이때 생기는 구독자들은 새로 오는 사람들보다는 기존 채널에서 넘어오는 중복되는 시청자들이 많다. 다시 말해서, 채널을 하나 더 만들면 기존 채널에서 구독자가 일부 넘어오고, 구독자들이 모이면서 시청자들이 늘어나고 새로운 구독자들도 더 생기게 된다. 채널이 채널을 만들고 구독자가 구독자를 불러 모으는 상황이 된다. 시청자들이 구독 버튼을 누르는 이유를 알게 되면서 생기는 일이다.

한 채널을 오래 운영했는가? 조회 수도 점점 줄어들고 구독자 수도 늘어나지 않는가? 만약 그렇다면 부계정(서브 채널)을 만들도록 하자.

콘텐츠도 어떤 의미에서는 '기호 식품'이다. 유행이 있다. 여러분 채널의 구독자와 댓글을 분석하면 시청자들이 원하는 콘텐츠가 무엇인지 알 수 있다. 새로운 채널을 만들 고민을 해야 할 때이다.

시청자의 심장을 흔드는 멘트 전략
: 시청자와 진행자의 1:1 대화

콘텐츠는 진행자가 시청자와 나누는 대화이다. 진행자의 한마디 한마디가 시청자의 심장에 전달되고, 진행자의 눈빛이 시청자의 눈으로 연결된다. 1인 방송을 포함한 모든 콘텐츠가 그렇다. 시청자는 화면 속 진행자(때로는 목소리만 나오는 콘텐츠라고 하더라도)와 1:1 영상통화를 하는 기분을 갖는다.

그래서 진행자와 시청자는 콘텐츠를 통해 서로 맞닿아 있다고 해도 과언이 아니다. 그렇다면 진행자의 목소리가 상당히 중요할 것이다. 콘텐츠에 어떤 목소리를 담을 것인가? 정답은 전자 음성으로 대체하기보다는 육성을 담는 것이 좋다. 목소리에 대해 자격지심이 있거나 듣기에 거북한 목소리를 지닌 경우를 제외한다면 자신의 목소리를 담아 진정성을 더하도록 하자.

이 단락에서는 시청자의 심장을 흔드는 멘트 전략에 대해 알아 두도록 하자. 똑같은 내용의 이야기라도 어느 시간에 어떻게 말하느냐에 따라 전달력과 파급 효과가 달라진다.

 ## ① 시청자와 만나는 영상통화

1인 방송은 진행자가 시청자를 만나는 것이다. 그런데 카메라 앞에는 진행자만 있는 경우가 대부분이다. 관객이 없는 한 그렇다. 그렇다면 아무래도 초보자인 경우, 남들 앞에서 이야기하는 것에 익숙하지 않은 사람들은 호흡과 멘트 속도 등에 어색함이 묻어난다. 그러한 감정은 시청자들에게 고스란히 전달된다. 채널의 활성화를 생각한다면 아무래도 감점 요인이다. 이때는 어떻게 해야 할까?

시청자는 화면을 통해 진행자를 본다는 점을 생각해 보자. 이 상황이 어떤 상황과 비슷하다. 무엇일까? 바로 영상통화이다. 1:1 영상통화가 1인 방송 화면과 상당히 비슷하다. 결국 1인 방송을 하는 데는 영상통화 경험이 도움이 될 수 있다. 카메라와 모니터, 스마트폰 화면에 익숙해질수록 1인 방송 콘텐츠도 진행이 부드러워지고 대화가 자유로워진다. 가장 좋은 방법은 거울을 보며 영상통화를 연습하는 것이다. 연인과의 영상통화, 지인과의 영상통화, 친인척과의 영상통화가 다르듯이 자신의 얼굴이 제일 부드러운 인상이 되게 해 주는 상대를 상상하며 앉아서 영상통화를 하듯이 연습한다. 영상통화를 연습함으로써 카메라 앞에 서는 자신의 멘트가 개선되는 것을 느낄 수 있다.

멘트의 한마디 한마디는 호흡과도 연결된다. 호흡이 거칠면 음성이 투박하게 들리고, 호흡이 안정되면 내용 전달이 잘 된다. 호흡과 멘트는 매우 중요하므로 멘트 연습을 충분히 하도록 하자. 말 한 마디에도 천 냥 빚을 갚는다는 속담이 괜히 있는 게 아니다.

② 방송 시작 & 방송 종료 멘트 : 시청자의 심리 상태에 따른 멘트 만들기

오프닝 멘트와 클로징 멘트에 대해 알아 두도록 하자. 이 단락에서는 동영상 콘텐츠로서 1인 방송과 일반 동영상을 함께 설명한다. 동영상 콘텐츠라고 하더라도 시작과 클로징이 있으며 이는 1인 방송도 별반 다를 바 없다.

"방송 시작과 종료(클로징)요? TV 방송에서도 한창 촬영하다가 잠시 쉴 때 스태프들이나 출연자가 양팔을 펴서 손바닥을 마주 보고 짝! 하고 치는 게 있는데, 이걸 말하는 건가요?"

이는 편집점(edit point)을 잡아 주는 모습이다. 방송도 마찬가지인데 영화나 드라마를 촬영하다 보면 롱테이크(long take : 일정 시간 이상을 끊지 않고 연속 촬영하는 것)를 하는 경우도 있지만 대부분은 촬영을 끊어서 진행한다. 남녀 배우들이 대화하는 장면에서 서로 마주 보고 대화하는 장면, 남자가 말하는 장면, 여자가 듣는 장면, 여자가 대화하는 장면, 남자가 듣는 장면이 나온다고 하자. 이 상황은 대부분 카메라가 매번 촬영을 끊었다가 나중에 이어 붙인 것이다.

시청자는 한 번에 시청하지만 현장에서는 카메라로 촬영하다가 끊고, 다시 카메라를 옮겨서 촬영하기를 여러 번 바꿔 가며 완성해 낸다. 그래서 촬영을 마치고 편집팀에서 편집을 할 때는 촬영한 동영상 파일들이 여러 개가 있다. 이때 동영상 첫 장면에 어떤 표시가 없으면 어떤 동영상 뒤에 어떤 동영상을 붙여야 하는지 헷갈리는 경우가 생긴다. 손바닥을 치는 행동은 그러한 헷갈림을 방지하기 위해 표식을 남기는 것이다. 각 장면을 끊을 때마다 스태프들이나 출연자가 손바닥으로 치는 행동을 하여 '새로운 동영상의 시작'임을 표시해 주는 것이다.

본격적으로 멘트 이야기를 하자면, 1인 방송에서는 오프닝 멘트와 클로징 멘트가 중요하다. 오프닝에서는 날씨 이야기, 그날의 화젯거리, 재미있는 유머 등처럼 시청자들과 익숙해지는 계기를 만들어 주는 것이 좋다. 서로 공감의 매개체를 꺼내고 시청자가 시작부터 진행자에게 집중할 수 있도록 만들어 주는 것이다.

오프라인 공연을 보면 항상 '바람잡이'들이 있음을 알 수 있다. 공연 무대의 막이 올라가기 전에 미리 무대에 서서 객석에 앉은 관객들의 분위기를 띄워 주는 역할을 담당하는 사람들이다. 그들은 보통 관객들의 '텐션'을 올려서 공연에 몰입할 수 있도록 해 준다. 그런데 1인 방송에서는 이러한 사전 작업이 불가능하다. 따라서 진행자가 나서서 시청자들과 만남의 첫 단추를 직접 꿰어야 한다. 이것이 바로 오프닝 멘트이다.

반면 클로징 멘트는 방송을 종료하면서 시청자들에게 건네는 이야기로서, '방송의 연속성'을 부여해 주는 멘트로 구성해야 한다. 이번 회차에 이어 다음 회차도 시청해 달라는 의미를 전달하는 식으로 말이다. 헤어지고 안 볼 사람들의 작별 인사처럼 하는 것은 금물이며, 무조건 '감사합니다'라는 멘트만 하는 것도 부적절하다. 시청자를 떠나 보내느냐 아니면 다음 방송에도 불러오느냐는 클로징 멘트에 달려 있다고 해도 과언이 아니다. '다음엔 더 재미있는 이야기로 오겠습니다'라든가 '이야기는 이어집니다'라든가 '다음 회차를 놓치지 마세요', '다음 방송도 꼭 봐 주실 거죠?', '못다한 이야기는 다음 방송에서 이어 갑니다'라는 식의 멘트가 바람직하다. 연속성을 가진 멘트로 시청자들에게 궁금증이 생기게 하자.

1인 방송은 진행자와 시청자의 심리 싸움이다. 시청자는 '이건 무슨 내용이지?', '얼마나 재밌나 보자', 'ㅇㅇ에 대해 알려 준다니 한번 보자' 등의 심리 상태로 시청한다. 그 심리 상태는 짧으면 5초 이내, 길면 1분 이내에 바뀔 수 있어서 대단히 가변적이다. 여차하면 화면을 닫고 다른 채널로 옮겨갈 수 있다. 시청자들에게도 카메라를 달아서 진행자가 볼 수 있게 하면 막을 시도라도 하겠건만, 쌍방향 방송이 아니다 보니 불가능하고, 쌍방향 방송이라고 하더라도 학원이나 학교가 아닌 이상 의무적으로 시청하라고 강제할 수도 없는 노릇이다. 진행자로서는 시청자의 행동을 예측하여 방지할 수가 없다. 어떻게 해야 할까?

이 경우에 진행자가 할 수 있는 가장 좋은 조치는 방송에서 시청자를 제압하는 것이다. 방송 화면을 노려보며 무서운 표정을 짓고 이래라 저래라 시키라는 의미가 아니다. 시청자들이 진행자의 손짓과 표정, 시선 하나에도 따라 움직일 수 있도록 멘트를 치는 것이다.

❶ 시작할 때는 뜸 들이기

그 날의 콘텐츠는 뜸을 들여 천천히, 말할 듯 말 듯, 그러나 너무 지루하지 않게 제때에 이야기한다. 콘텐츠는 미리 공지가 된다. 어떤 시청자들은 그 방송의 내용을 모른 상태에서도 오지만 대부분 무슨 방송인지 알고 온다. 누가 진행자인지 알고, 그 채널이 무엇을 하는 채널인지도 안다. 그래서 시청자들은 순전히 콘텐츠의 세부적 내용에 대한 호기심으로 온다.

그래서 시청자들이 1명이라도 있을 때부터 진행자는 그 시청자를 대상으로 쥐었다 풀었다 멘트로 사로잡는 능력을 발휘해야 한다. 주의할 점은 진행자는 카메라를 보지만 시청자는 진행자를 본다는 점이다. 그래서 진행자는 절대로 자기 혼자 있다는 생각을 하면 안 된다. 진행자 주위에 스태프나 다른 사람이 없더라도 사람들이 보고 있다고 생각해야 한다.

머리카락을 쓸어 올리려 팔을 한 번 움직이더라도 진행자 자신이 단순히 성가시니까 머리카락을 쓸어 올리는 동작으로 보여선 안 된다. 시청자들에게 보여 주는 동작이 되어야 한다. 시청자들이 보기에는 진행자가 멋있게 머리카락을 쓸어올리는 동작이 되어야 한다. 그 점이 콘텐츠가 되고 방송이 된다.

방송 시작 시에는 핵심 콘텐츠에 대해 뜸을 들이고, 그 대신 시청자들과 공감하는 순간을 만들어 나가도록 한다. 시청자에게 핵심 콘텐츠를 바로 말해 버리면 '궁금증을 해소하는 데 만족'한 시청자들은 다른 채널로 옮겨간다. 시청자들의 궁금증 해소 욕구를 최대한 질질 끌면서 진행자는 자신의 다른 콘텐츠를 보여 줘야 한다. 시청자들에게 핵심 콘텐츠 외에 진행자의 콘텐츠에 이런 것도 있다는 식으로 어필하는 시간이 필요하다.

❷ 중간에는 가끔 쉬혀 주기
1인 방송은 진행자의 단독 무대가 아니다. 방송을 진행하다 보면 진행자가 스스로 흥분해서 쉬지도 않고 끝까지 달리는 경우가 있다. 시청자들이 따라오건 말건, 시청자들이 쉬길 원하건 말건, 스태프들

이 지루해하건 말건 진행자 본인이 기분이 올라가서 혼자 신나고 즐거워하는 경우이다. 이를 보는 시청자들은 소위 '애 뭐하는 거냐?'라고 생각한다.

방송에 참여하고 싶은데 시청자가 끼어 들어갈 틈을 주지 않는 진행자, 시청자들은 이런 진행자는 최악이라고 생각한다. 괜히 시간 낭비를 했다고 여기며 그 채널에는 두 번 다시 안 간다. 이런 과오를 막기 위해서라도 방송 중에는 열기를 끌어올렸다가도 잠시 식혀 주는 기분 전환 시간이 필요하다.

방송이 열기를 더해 가면 이야기가 진행이 안 되고 어느 지점에 매이는 일이 생긴다. 토론이 격화되거나 말꼬리를 붙잡는 경우들이 그렇다. 이런 상황이 발생하면 진행자는 전체적으로 상황을 보다가 분위기 전환을 해 줘야 한다.

'잠시 미녀(미남) 보고 오겠습니다'라며 자기 사진을 띄운다든가, '세계 제일의 방송을 소개합니다'라며 채널 이미지를 띄운다든가 하는 방법도 좋다. 분위기를 전환시키고 달아오른 상황을 식히기에는 충분하다.

▶ 찐~Tip 고수의 실전 노하우 1

모 채널의 진행자는 시청자들이 변동이 없는 경우(후원 선물은 안 들어오는데 시청자 수가 그대로이거나, 들어온 시청자가 채널에서 나가지 않는 경우 등)에는 노래를 부른다. 이 진행자는 멘트를 나누는 것이 콘텐츠인데 멘트를 안 하니까 시청자들이 나간다. 노래를 부르면서 시청자 순환이 이뤄진다. 노래를 부르는 사이 새로운 시청자들이 들어온다.

이 플랫폼은 각 채널마다 시청자 수 제한을 두는 곳이다. 진행자가 노래를 부르니까 그 사이에 시청자 일부가 빠진다. 시청자들이 방송 내내 고정되어 있다고 해 보자. 후원을 할 사람만 하고 안 하는 사람은 그대로 있다면? 진행자로서는 지속적인 추가 수익을 기대하기 어렵다. 그래서 시청자 순환을 해야 하는데 시청자들을 떠밀어 낼 수도 없는 노릇이다. 이때 진행자의 멘트를 들으러 온 시청자들을 방송창에서 나가게 하려면 어떻게 해야 할까? 이 채널의 진행자가 멘트를 줄이고 노래를 하는 이유다. 진행자가 노래를 부르면 시청자들 일부가 나간다. 그 사이 새로운 시청자들이 들어오며 자연스럽게 시청자 순환이 이뤄진다.

이 채널을 식당에 비유해 보면, 손님들이 식사를 다 마쳤음에도 당최 나가려고 하지 않아서 테이블 회전이 안 되는 경우이다. 식당 주인 입장에서는 새로운 손님이 와야 장사가 되는데도 말이다. 이 경우 테이블 위를 치워 주거나 식당 직원들이 청소를 하는 식으로 눈치를 줄 수도 있는 것처럼, 진행자는 노래를 불러 시청자 회전을 유도했다.

"갑자기 그냥 노래를 부르면 되나요?"

아니다. 게시판지기가 있다. 주로 직원이나 지인들이 게시판지기를 하는데, 게시판에 노래 신청을 하여 자연스럽게 노래를 부르는 상황으로 전환해 주도록 짜자. 진행자의 카카오톡을 이용해도 좋다. 진행자는 카메라 앞에 있기 때문에 하고 싶은 말이나 지시가 있어도 말을 할 수 없다. 그래서 진행자들은 주로 카카오톡을 놓고 방송한다. 관리자는 카카오톡 등을 통해 업무 지시를 내리거나 여러 이야기를 해 준다.

물론, 초보 유튜버인 경우에는 혼자서 게시판 관리까지 해야 하므로 버거울 수 있다. 그러므로 고수처럼 잘하려고 하기보다는 초보 유튜버로서 방송 경험을 점차 늘려 가는 데 주안점을 두는 것이 바람직하다. 차츰 경험이 쌓이다 보면 방송하면서 게시판 글도 눈에 잘 들어오게 되고 상황 대처 능력도 길러질 것이다.

❸ 마무리할 때는 미련 남기기
방송을 마무리할 때는 미련을 남기도록 한다.

"방송 시간이 벌써 이렇게 지났네?"

"10분 뒤에 방종합니다."

"아, 나 지쳤는데, 오늘은 1시간만 카메라 켤게."

"나 오늘 되게 우울한데 방송하는 거야."

등등의 말로 말이다. 만약 바람잡이 스태프가 있을 경우는 일정 시간이 되었을 때(애초에 2시간을 방송하려고 했는데 대략 1시간이 조금 지났을 무렵에) 게시판에 '오늘 더 방송해 줘요'라는 글을 올리게 한다. 그러면 다른 시청자들이 그 게시글을 보고 진행자가 했던 말을 떠올린다. 이런 과정을 거치다 보면 시청자가 진행자를 염려해 주는 상황으로 이어지기까지 한다.

'아참, 오늘 ○○가 지쳤다고 했었지.'
'그러게. 1시간만 한다고 하던데.'
'더 보고 싶긴 한데 쉬라고 해야겠다.'

진행자로서는 진짜 팬들이 생기는 순간이다. 순간 진행자가 시청자를 챙기는 콘텐츠에서 시청자가 진행자를 보호하는 콘텐츠가 된다. 시청자들이 콘텐츠에 직접 참여하게 되며 시청자가 콘텐츠를 만들어 나간다는 인식이 생기게 된다.

이처럼 클로징 멘트는 매우 중요하다. 미련을 남기고, 시청자가 방송으로, 콘텐츠 속으로 들어오게 해 줘야 한다. 시청자가 진행자를 염려해 주는 상황을 통해 시청자가 콘텐츠의 끝과 시작을 만들어 나간다는 인식을 갖도록 해 주면 시청자가 콘텐츠 속으로 들어오기 쉽다.

▶ 찐~Tip 고수의 실전 노하우 2

모 진행자는 야외방송을 하며 고정 시청자를 만난 상황을 연출했다. 그리고 그 시청자는 진행자를 아는 척하며 진행자에게 방송을 잘 보고 있다고 말해 주고 후원 선물을 쐈다. 생방송 도중에 생긴 일이었다.

그 광경을 본 시청자들은 '아, 이 진행자는 시청자가 있고 야외방송에서 우연히 만나기도 하는데, 그 시청자는 이 진행자에게 후원 선물을 쏴 주네? 시청자가 진행자에게?'라는 생각을 했다.

시청자들은 화면 속에서 진행자가 시청자에게 감사해 하는 모습을 보면 의무감 같은 것이 생기기도 한다. '이 채널은 시청해 줘야 하겠구나', '이 채널은 내가 꼭 지켜 줘야 할 채널이구나' 하는 식의 의무감이다. '이 진행자는 시청자에게 고마워할 줄 아는 사람이구나', '이 진행자는 시청자들이 후원해 주는 진행자구나'라는 인식을 갖는다. 비록 모든 것이 연출된 상황이었지만 말이다.

③ 콘텐츠는 시청자와 나누는 대화

방송 진행은 게시판에서 이뤄진다?

방송은 진행자가 계속 이야기하는 것이 아니다. 방송에서는 게시판에서 시청자들과 나누는 대화가 제일 중요하다. 대화의 순간은 시청자의 방송 참여가 이뤄지고 진행자가 시청자와 공감하게 되는 순간이기 때문이다. 진행자의 일방적인 방송은 더 이상 호감을 얻지 못한다.

종이 신문이 있다고 치자. 가판대에서 판매된다. 예전에는 독자가 그 신문의 기사에 의견을 제시하려면 어떻게 해야 했을까? 신문사로 우편을 보내고 그 신문사의 편집자 마음에 들어야만 신문에 게재될 수 있었다. 독자 의견이라는 명목하에서나 가능한 일이었다. 그 외에는 신문의 기사에 대해 독자들이 의견을 첨언할 수 있는 창구가 전혀 없었다. 그런데 요즘 상황은 어떤가?

기사에 대해 실시간으로 댓글이 달리고, 독자의 댓글이 기사를 수정하게도 만든다. 기사 댓글이 기사 내용보다 더 정확한 정보인 경우도 많다. 신문사가 전문 기자 제도를 운영하게 된 것도 기사의 전문성이 담보되지 않으면 살아남지 못하는 상황과 무관하지 않을 것이다. 상황이 이렇다 보니 시청자의 참여는 선택이 아닌 필수가 되었다.

방송에서는 이처럼 참여할 수 있는 창구가 게시판인 셈이다. 진행자는 게시판을 통해 시청자의 글(의견)을 읽어 주고 답변해 주고 서로 소통해야 한다. 그렇게 하면 시청자와 진행자가 나누는 대화 자체가 방송이 되고 콘텐츠가 된다.

시청자가 진행자를 걱정하게 만들기

이는 진행자가 아픈 이유로 방송을 쉬겠다는 것과는 다른 이야기이다. 이번에는 방송을 켜지 않는 방법이다. 일반 TV 방송에서는 3초가 넘게 이야기 진행이 안 되면 방송 사고라고 부른다. 라디오에서는 3초간 소리가 나지 않으면 방송 사고이다. 하물며 방송을 예고 없이 펑크내는 것은 더 큰 사고이다. 정부에서 그 방송 채널에 징계가 내려질 수도 있는 중대한 사고이다. 하지만 인터넷 방송은 다르다.

인터넷 방송은 일반 방송으로서의 개념과 콘텐츠로서의 개념이 섞여 있다. '방송'이라는 단어를 사용하긴 하지만 인터넷 방송은 제도권 방송과는 다른 분류의 방송이다. 그래서 인터넷 용어를 쓴다거나 비속어를 쓴다거나 진행자가 술을 마시거나 담배를 피우는 장면 등, 규제가 미치지 않는 부분도 분명히 있다.

그래서 모 채널은 이와 같은 이점을 활용해서 간혹 방송을 예고 없이 켜지 않고는 했다. 이는 시청자는 있는데 방송이 없는 경우이다. 방송을 안 켰으니 시청자들이 진행자를 걱정하게 된다. 무슨 일이 생긴 것인지, 방송을 켜지 않는 이유가 있는지 여러 이야기들이 오간다. 아니면 화면을 컴컴하게 켜 두는 방법도 있다. 말소리만 나오게 하는 식이다. 어떤 방식이 되었든 시청자들은 애가 탄다.

이렇게 한 뒤 다음 날 또는 며칠 뒤에 정상 방송을 해 보자. 시청자들은 진행자를 걱정하고 다음부터는 그러지 말라고 말을 하며 문제가 있으면 자신들에게 이야기하라고도 해 준다. 진행자와 시청자 관계가 너무 무미건조하다 싶을 때 간혹 사용하는 방법이다.

⑤ 게시판지기와 댓글 관리

방송을 하다보면 게시판지기는 누가 할까? 스태프가 할까? 아니다. 시청자들 가운데 진행자가 선택하는 사람이 한다. 직원이 할 수도 있지만 되도록 시청자들 가운데 1명을 시키는 것이 좋다. 시청자가 게시판지기가 되는 순간 다른 시청자들은 그 시청자를 부러워하기 때문이다. 진행자가 선택했다는 이유 한 가지로 인해서 말이다. 정확히는 방송 제작에 참여하게 된 것을 부러워하는 것이다. 선택받지 못한 시청자들은 그 시청자가 게시판지기를 하면서 제대로 일을 하는가 관찰하고 감시도 한다. 여차하면 그 시청자 대신 자기들이 게시판을 맡겠다고 나설 기세이다.

이처럼 시청자들 가운데에서 게시판지기를 선택할 수 있는 단계라면 이는 시청자와 진행자 사이에 신뢰가 쌓였다는 의미이다. 시청자가 그 방송을 위해서라면 자원봉사까지도 할 수 있는 단계에 이른 것이다. 그런데 게시판지기가 악플을 남기는 시청자를 블랙 처리하지 않는다거나 방송에 도움을 주지 않는 등 본업에 충실하지 않다면? 또는 게시판지기가 방송 중에 볼일이 생겨서 이동해야 한다면? 이러한 여러 돌발 상황에 대해서는 진행자가 다른 게시판지기를 지정하면 된다. 게시판지기는 1명에게 시키지 말고 여러 명에게 맡기는 것도 좋다.

시청자가 게시판지기를 하는 것은 비용이 필요한 부분이 아니다. 시청자의 자원봉사이다. 시청자는 진행자의 팬이고, 팬이다 보니 게시판지기를 담당하며 일부 몰지각한 시청자들을 걸러 내는 역할을 맡는다. 그 시청자 입장에서는 진행자의 보디가드 같은 인식을 가진다. 어깨에 힘이 들어가고 나름 자부심도 갖는다. 게시판지기이면서 시청자 역할에도 충실하다. 방송을 시청하며 후원 선물도 쏜다. 진행자 입장에서는 시청자에 의해 시청자들을 관리할 수 있는 아주 좋은 방법인 셈이다.

"게시판지기도 구했는데, 댓글 관리는 어떻게 하죠?"

방송은 모든 댓글에 대해 너그러워야 하는 것일까? 방송이라면 의사 표현의 자유가 있으니 진행자와 다른 의견이라도 감수하고 의견 창구를 열어 둬야 하는 것 아닐까? 나와 다른 의견도 허용해야만 자유로운 소통이 이뤄지고 있다는 증거가 아닐까? 아니다.

기존 방송이 아닌 인터넷 방송은 그 자체가 방송이란 개념보다는 콘텐츠라고 했다. 그렇다면 댓글도 그 콘텐츠가 된다. 그런데 콘텐츠의 주인은 진행자이다. 진행자가 채널을 운영하면서 관리하는 모든 것이 콘텐츠이다. 그래서 댓글도 진행자가 만드는 콘텐츠에 속한다.

가령 여러분이 비빔밥을 만든다고 생각해 보자. 어떤 재료를 넣을 것인지는 여러분이 정한다. 여러분이 만드는 비빔밥이기 때문이다. 그런데 그 재료에 누군가 오더니 여러분이 원하지 않는 재료를 슬쩍 넣었다고 하자. 그러면 그 비빔밥은 여러분이 만들려는 비빔밥이라고 할 수 있을까? 댓글은 이와 같은 이치이다.

여러분의 비빔밥에는 여러분이 넣고 싶은 재료만 넣어야 한다. 여러분의 콘텐츠에는 여러분이 만드는 내용만 들어가야 한다. 콘텐츠에 대한 댓글을 관리해야 하는 이유이다. 댓글도 콘텐츠이기 때문에, 댓글이 콘텐츠의 이미지를 만든다.

 ## ⑥ 유튜브를 하는 사람들의 커뮤니티가 있다

유튜버를 위한 유튜버 커뮤니티가 있다. 공식적인 곳은 아닌데 유튜버들이 모여서 친목을 다진다. 알음알음으로 모이는 경우도 있고, MCN 회사를 주축으로 정기적으로 모이기도 한다. MCN 회사에서는 크리에이터와 스트리머들과 계약하고 세금 관리 등 홍보 전반에 대해서 일을 해 주는데, 대개 연예인처럼 전속 개념이 아니라 파트너쉽 개념으로 일을 한다. 유튜버는 이렇게 다양한 수단을 통해 유튜버들과의 커뮤니티에 참여하는 것이 도움이 된다. 그 이유를 알아 두도록 하자.

❶ 합방 콘텐츠를 하는 이유

채널의 새로운 콘텐츠가 필요할 경우에는 합방(합동 방송)을 한다. 이 경우 A 유튜버의 방송에 다른 유튜버들이 출연해 주는 경우도 있고, 유튜버들이 각자 채널을 켜고 모여서 방송만 함께 진행하는 경우도 있다. 방송만 함께 진행할 경우에는 각자 채널로 들어오는 후원 선물은 각자가 받는데, 특정 유튜버의 방송에 출연해 주는 경우라면 그 유튜버만 후원을 받고 다른 출연 유튜버들은 받는 것이 없다.

물론 자기 채널에 다른 유튜버들을 초대한 유튜버가 출연해 준 유튜버들에게 비용을 지불하는 경우도 있다. 그러나 일반적인 경우는 아니다. 왜냐하면 유튜버가 다른 방송에 무료로 출연해 줬다는 것은 나중에 자기 채널에 그 유튜버를 무료로 출연시킬 수 있는 권리가 있다는 사실이기 때문이다. 대가를 위해서보다는 서로 상부상조하는 경우라 할 수 있겠다.

다만, 유튜버들이 합방을 할 때는 인기 유튜버와 상대적으로 무명인 유튜버가 합방을 하는 경우가 대부분이다. 무명 유튜버들끼리 합방을 하는 경우는 극히 드물다. 콘텐츠 콘셉트가 획기적으로 뛰어나다면 모를까, 합방은 구독자를 나누고 시청자 수를 몰아주기 위한 방법으로 주로 사용되기에 인기 유튜버가 무명 유튜버를 밀어주는 목적으로 진행되는 경우가 많다. 그러면 인기 유튜버를 찾으려면 어떻게 알 수 있을까?

유튜버 순위를 알고 싶을 때는 녹스인플루언서(kr.noxinfluencer.com) 또는 플레이보드(www.playboard.co)를 참고하도록 하자. 각 콘텐츠나 장르에 따라 인기 순위 등의 상세한 유튜버 정보를 볼 수 있다.

참고로, 어떤 플랫폼이든지 크리에이터들이 합방을 하는 이유 가운데 하나는 무명 진행자를 위해서, 신진 채널을 위해서 구독자를 나눠 주기 위함에 목적이 있다. 시청자를 몰아주고 구독자를 나눠 주면서 일종의 '라인'을 만들어 가는 것인데, 어떤 파트너 회사가 있거나 서로 모일 수 있는 특정 구심점이 없는 크리에이터들은 친한 사람들 위주로 그들만의 세력을 '라인'으로 넓혀 가기도 한다. 일종의 '팀'이 되는 식이다.

 ▶ 찐~Tip 크리에이터에게는 팀이 필요하다?

크리에이터는 '팀'을 준비하기도 한다. '팀'이라고 하니 한 가지 더 알아 두자면, 요즘에는 인기 크리에이터나 스트리머들이 증가하면서 이들이 돈을 벌게 되자 이들의 주위에 친목 형식 또는 지인의 지인으로서 일부 팀들이 어울리기도 했다. 무슨 이야기일까? 크리에이터나 스트리머들이 돈을 벌게 되면서 이들 주위에 크리에이터(혹은 스트리머)들이 해결할 수 없는 일들을 대신 해결해 주는 팀이 생겨났다는 의미이다.

가령 어디에 소속된 곳 없이 혼자 일하는 A 크리에이터가 있다고 하자. 광고 협찬이 들어오거나 콘텐츠 문의가 들어오면 A는 어떻게 할까? 경험과 지식이 없다보니 불안할 수 있다. 어떻게 대응해야 하는지도 모른다. 동영상 플랫폼 초창기에는 그렇게 일해 주고도 돈을 제대로 못받는 경우도 허다했다.

그래서 A 입장에서도 제안을 받으면 어디엔가 믿고 물어볼 곳이 필요했다. 나중에라도 정당히 일한 값을 받아 낼 수 있는 안전 및 보호 장치가 필요하게 된 것이다. 그 역할을 팀들이 해 주는 경우가 종종 있다. 1인 방송을 하는 인기 크리에이터 주위에서는 대부분 어떤 팀들이 그들을 돕고 있다고 보면 된다.

❷ 먹방의 조회 수가 높은 이유

먹방 콘텐츠에 있어서도 유튜버의 커뮤니티가 작용하는 영향력이 크다.

먹방은 누가 시청할까? 먹방은 왜 조회 수가 많을까? 먹방은 어디에서 하는가? 이런 질문에 우리는 보통 시청자층이 다양하기 때문이라고 생각한다. 그런데 그 시청자들이란 유튜버들이 공유하는 시청자들이다. 먹방 콘텐츠는 음식점 주인, 요리사, 제품 회사 관계자, 다이어트하는 사람, 음식을 잘 못먹는 사람 등, 다양한 시청자층이 확보되어 있다. 음식점 주인만 하더라도 전국에 몇십 만 명 이상이 있다. 먹방에 대한 콘텐츠는 직업적으로라도 봐 두려는 사람들이 많다. 먹방 콘텐츠를 찾는 것이 아니었더라도 특정한 메뉴나 음식 이름을 검색하다가 먹방 콘텐츠를 보게 되는 경우도 많다. 다이어트를 하는 사람이 대리 만족 차원에서 시청하는 경우도 있고, 음식 섭취에 장애가 있는 사람이 대리 만족 차원에서 시청하는 경우도 있다. 그래서 먹방 콘텐츠는 시청자층이 다양하다. 음식 종류가 다양한 만큼 먹방 콘텐츠는 끊이지 않는 새로운 지속성도 보장된다. 똑같은 음식에 양념 하나나 조리법 하나만 다르더라도 다른 음식이 되기 때문이다.

이들은 유튜버 채널 시청에 있어서 광고주나 후원자가 된다. 그럼 유튜버 커뮤니티에서는 구독자 수가 적은 신입 유튜버나 수입이 적은 유튜버를 데리고 그 식당에 가서 방송을 한다. A 유튜버를 후원하는 식당 사장이 있다고 하자. A 유튜버가 어느 날 B 유튜버를 데리고 식당에 온다. 먹방을 찍고 방송도 한다. 식당 사장은 자연스럽게 B 유튜버의 후원자가 된다. 식당 사장 입장에서는 자기 식당을 홍보해 주는 사람에게 후원을 하는 것으로 A 유튜버에게 후원하는 것처럼 B 유튜버에게도 후원하는 것이다. A 유튜버가 B 유튜버에게 후원을 붙여 주는 것으로서 이 커뮤니티에는 식당 사장과 A 유튜버와 B 유튜버라는 구성원이 생긴다.

이러한 유튜버들 간 후원 시스템에 대하여 시청자들은 어떤 생각을 할까? 유튜브에는 먹방 유튜버들이 워낙 많기 때문에 시청자들로서는 이러한 모종의 숨은 의도를 눈치 채지 못한다. 시청자에게 익숙한, 생존에 필요한 '식사' 콘텐츠이기 때문이기도 하다. 그저 모든 상황을 당연하게 받아들이는 경우도 있다. '뭐야? 오늘은 A 유튜버가 B 유튜버를 식당에 데리고 가서 식당 사장에게 후원받도록 도와주는거네?'라고 생각하지 않고 'A 유튜버가 오늘은 B 유튜버랑 저 식당에 가서 먹방을 찍는구나'라고만 인식한다는 의미이다.

먹방의 조회 수가 높은 이유들 중에 하나는 이처럼 유튜버들 간 '팀'이 서로를 밀어주는 이유도 있다. 가령, A 유튜버가 B 유튜버에게 자기 채널의 시청자를 나눠 주면서 두 채널의 시청자 수가 고루 늘어나는 효과를 얻는다. 시청자 입장에선 콘텐츠를 두 편 보는 셈이니 이 또한 나쁠 것 없다.

또한, A 유튜버가 B 유튜버의 먹방에 반드시 나와야 하는 것도 아니다. A 유튜버는 자기가 먹방을 해 본 어느 식당의 어느 메뉴를 아는데 그 메뉴로 먹방을 하면 시청자가 늘어난다는 정보를 B 유튜버에게 준다. B 유튜버는 그 식당에 가서 (A 유튜버로부터 미리 이야기를 들은 식당 사장에게 협조를 받아) 먹방을 촬영한다.

이렇게 되면 A 유튜버가 만든 먹방 콘텐츠가 뜰 때마다 B 유튜버가 만든 먹방 콘텐츠도 같이 뜰 수 있다. 가령, '추천동영상' 카테고리에 보일 수 있다는 의미이다.

▶ 찐~Tip 푸드파이터, 먹방 유튜버가 되다?

"먹방이라고 하면 마른 사람이 많이 먹는 것만 생각나요. 그게 제일 신기해서 그럴까요?"

엄밀히 따지자면 푸드파이터(food fighter)는 먹방 콘텐츠라고 볼 수 없다. 과하다 싶을 정도로 먹어 대는 모습은 말하자면 본래의 '먹방'이 아니다. 오히려 스포츠 범주에 속한다. 시합 혹은 게임이라는 의미이다. 또한, 과하게 먹으면 해로울 수 있는 음식들도 먹어 대기 때문에 시청자들에게는 불쾌감을 줄 수도 있다.

생각해 보자. 먹방을 보면서 '저렇게 마른 사람이 엄청나게 많이 먹네'라고 생각하는 것이 대부분인가? 아니면 '음식을 참 맛있게 잘 먹네'가 대부분인가? 많이 먹는다는 것은 많이 배출한다는 것과 같다. 운동량도 엄청 많아야 체중 조절도 하고 건강 관리도 한다. 먹방을 만들면서 다이어트 식품을 판매하는 사람도 있다. 많이 먹으려면 다이어트 보조제를 먹으라는 것인가? 이율 배반적이다. 올바른 콘텐츠라고 추천하기 어려운 이유이다.

앞으로는 먹방이라면 음식을 제대로 식사하는 콘텐츠가 각광을 받을 것이다. 단순히 많이 먹는 것은 호감이 아니라 비호감의 대상이 될 수 있다.

⑦ 시청자들과의 팬미팅

크리에이터들은 커뮤니티 생성을 위해 팬미팅을 하기도 한다. 모니터 화면에서만 만나던 시청자들과 오프라인에서 실제로 만나 같이 활동을 하며 친목을 다진다.

팬미팅으로 인해 진행자와 시청자 개념을 넘어서서 콘텐츠를 같이 만들어 가는 패밀리 개념이 등장했다. 시청자들은 진행자를 만나러 오는 것을 넘어 콘텐츠를 같이 만들어 나가고 있다는 자부심을 갖고 온다. 그들은 '진행자'란 시청자들이 만드는 콘텐츠의 한 부분으로 여긴다. 팬의 입장이기도 하고, 콘텐츠 제작자 입장이기도 한 셈이다.

다만 엄연히 따지면 팬과 시청자를 구분하는 기준점이 있다. 무조건 시청자가 팬이 되고 팬이 시청자가 되는 것은 아니다. 가령, A 스

※위 사진은 본문 내용과 무관함 ©이영호

타가 TV 프로그램에 출연하는 경우를 생각해 보자. A 스타의 팬들이 TV를 본다. 그런데 A 스타의 팬이 아닌 사람들도 TV를 본다. A 스타가 나온 TV이지만 팬도 있고 시청자도 있다. 이 경우 시청자가 TV에서 A 스타를 보고 A 스타의 팬이 될 수 있지만 A 스타의 팬이 '단순 의미의 시청자'가 되지는 않는다. 같은 이치로, 시청자들과의 팬미팅은 진행자가 팬과 미팅을 하되 시청자가 동참한다는 것으로 이해하자. 그런데 팬미팅에서는 아무래도 '진행자와 팬들의 친밀감'과 '진행자와 시청자의 친밀감'이 서로 다를 수 있다. 그래서 진행자로서는 시청자들과의 관계를 발전시키는 방법에 대해 알아 두는 것이 필요하다.

❶ 시청자에게 선물 보내기

종종 시청자 이벤트를 하고 시청자들을 추첨해서 선물을 보내자. 시청자로서는 '감사패'를 받는다는 의미이다. 이를 통해 채널은 브랜드가 된다.

어떤 콘텐츠가 진행자와 시청자의 커뮤니티가 되고, 같이 키워 나가는 브랜드가 되면 지속성을 갖고 성장해 나갈 수 있다. 그 브랜드가 하나의 회사로 성장하고 시청자가 회사 스태프로 들어오는 일이 생긴다. 결과적으로 단순 방송 진행자와 시청자 관계를 넘는 셈이다.

❷ 콘텐츠에 노래를 포함하면 좋은 이유

시청자와의 팬미팅에서 진행자가 노래를 한다? '노래' 한 곡이 팬을 포함한 시청자들에게 주는 영향은 어마어마하다. 방송에서 노래하는 경우도 있지만 팬미팅에서 노래하는 것은 또 다르다. 노래를 잘하고 못하고의 문제를 넘어서서 잘하면 잘하는 대로, 못하면 못하는 대로 시청자와 긴밀한 관계를 형성할 수 있다. '감성 전달'의 효과가 크기 때문이다. 감성이란 '같은 경험을 지닌 사람들이 느끼는 공감'이라고 할 수 있다. 노래 한 곡을 들으면 각자의 감정이 소통된다고 표현할 수 있다. 그래서 노래 한 곡이 전달해 주는 감성은 듣는 이들로 하여금 상념에 젖게 해 준다. 진행자의 노래 솜씨와 상관없이 그 노래가 가진 정서를 시청자에게 전달해 주는 것이다.

또한, 그 노래는 언제 어디에서든 시청자들에게 진행자를 떠올리게 해 준다. 팬미팅에서 진행자가 부른 노래라는 이미지가 덧씌워져서 그 노래가 나오는 모든 곳에서 시청자들이 진행자를 떠올리고 채널을 기억하게 되며, 그 순간 시청자의 일행들에게 채널과 진행자를 알려 주는 효과도 생긴다. 노래 한 곡이 여러분의 채널을 활성화시키는 데 큰 힘이 될 수 있다.

⑧ 커플이나 가족이 콘텐츠를 만드는 전략

유튜버의 커뮤니티는 가족이나 커플이 구성원이 되기도 한다. 커플이 만드는 콘텐츠는 커플들에게 어필할 수 있고, 가족이 만드는 콘텐츠는 가족들에게 어필할 수 있다. 시청자층이 세분화 및 구체화되는 효과가 있다. 동물 콘텐츠가 반려동물을 키우는 시청자들에게 어필되는 것과 같은 이치이다.

커플이 만드는 콘텐츠는 커플의 아기자기하고 소소한 이야깃거리들을 담는다. 싱글로서는 이해하기 어려운 부분들이거나 낯선 상황들이 펼쳐진다. 커플 콘텐츠는 커플들에게 공감을 얻고 싱글들에게는 재미있고 새로운 콘텐츠가 된다.

가족이 만드는 콘텐츠는 1인 가구 시청자들에게 어필을 할 수 있다. 시청자들이 가족에 대한 향수를 갖도록 해 준다. 또한, 다른 가족들에게도 시청하라고 권해 주거나 내용에 공감을 하는 계기로도 삼을 수 있다. 가족 콘텐츠는 신뢰감을 더하기도 한다.

❶ 구독자 수보다 인기 콘텐츠가 좋은 이유

유튜버 커뮤니티에서는 구독자 수가 중요하지는 않다. 서로의 콘텐츠에 대해 상부상조하며 공존할 뿐이다. 어차피 중복되는 구독자도 있을 수 있고 구독자 수는 항상 변하기 때문이다.

그러므로 채널을 운영한다면 구독자 수보다는 콘텐츠 자체에 집중하자. 구독자는 인원이 늘거나 줄어드는 변동이 생길 수 있지만 콘텐츠는 채널의 장점만을 그대로 담고 있으며 채널이 존재하는 한 지속되는 '자산'이다. 콘텐츠가 인기를 얻으면 구독자 수는 자연스럽게 늘어난다. 구독자 수가 많다고 인기 콘텐츠가 된다는 보장은 없는 것과 상반된다. 구독자 수 늘리기는 그래서 콘텐츠 제작 노하우를 갖는 것과 서로 통하는 이야기이다.

❷ 찐! 구독자 1명이 중요한 이유

유튜버 커뮤니티에서는 누가 어떤 구독자를 가졌느냐가 더 중요하다. A 유튜버의 B 구독자가 A 유튜버에게 잘한다면 다른 유튜버들이 B 구독자를 데려오려고 노력하는 일도 생긴다. 유튜버들은 안다. 구독자라고 해서 다 같은 구독자가 아니라는 것을 말이다.

구독자라고 해서 다 같은 구독자가 아니라는 말은 무슨 의미일까? 크리에이터들은 단순히 양적인 구독자 수 확보에 열을 올리는 경우가 많다. 구독자 수 = 조회 수이며, 조회 수는 시청률을 보장하고, 시청률이 높으면 수익이 더 늘어난다고 여기기 때문이다. 그럴 수도 있다. 그러나 중요한 것은 구독자 수가 아니라 구독자의 정체이다. 구독자가 어떤 구독자인지, 즉 진행자를 위해 콘텐츠를 같이 키워나갈 사람인지, 아니면 시장 조사 차원에서 아이디어만 얻어 가려고 하는 사람인지 아는 것이 중요하다. 1명의 구독자라고 하더라도 그 구독자가 내 채널의 후원자가 되는 구독자일 수도 있으며, 반대로 1,000명의 구독자라고 하더라도 그 구독자 모두 내 채널을 시청만 하는 시청자이거나 시청하지 않고 구독만 해 둔 계정일 수도 있다.

그래서 구독자 중에서도 '찐 구독자'가 중요하다. 찐 구독자가 있으면 채널이 활성화된다. 찐 구독자가 채널을 홍보해 준다. 찐 구독자가 채널을 후원한다. 찐 구독자가 구독자들을 몰고 온다.

"1인 방송을 하는 사람들에게 열혈 시청자가 중요하다던데요, 아니면 회장? 그런 건가요?"

찐 구독자와 비슷하지만 약간 다른 의미를 가지고 있다. '열혈 시청자'는 그 방송에서 '열혈 레벨'에 오른 이로서 방송을 자주 시청(출석)하고 후원도 많이 한 사람을 가리킨다. 한편 '회장'은 그 방송 진행자의 팬클럽(방송을 시청하는 시청자들의 카페)에서 서열 1위(후원을 가장 많이 한 사람)를 가리키는 의미로 사용된다. 후원금 액수에 따라 다른 시청자들과 경쟁하는 구조여서 '회장' 지위가 다른 시청자에게 넘어갈 수도 있다. 이러한 열혈 시청자나 회장은 진행자와 따로 만나서 식사를 하는 등, 친목관계를 이루는 경우가 많다.

모 플랫폼에서는 진행자(콘텐츠 제작자)의 채널에 후원을 하면서 '팬' 가입을 한다. 그리고 그 채널에서 후원금을 많이 내면 '열혈'에 오르고 가장 많이 내는 회원이 되면 회장으로 부른다. 그런데 팬이든, 열혈이든, 회장이든 어찌되었든 목적성 면에서 찐 구독자와 다소 다르다. 찐 구독자는 콘텐츠 자체에 관심을 갖고 채널을 키우고 발전시키는 것을 돕는 후원자이다. 단순히 후원금을 많이 낸다고 해서 찐 구독자가 되는 것이 아니다. 그래서 찐 구독자 외에 다른 시청자들은 콘텐츠보다는 진행자 자체에 대해 관심을 갖는 팬의 위치라고 말할 수 있다. 그래서 '팬'과 '찐 구독자'는 엄연히 다르다.

찐 구독자는 만들지 않고 얻는 것도 아니다. 스스로 나타난다?

찐 구독자가 나타나려면 콘텐츠가 중요하다. 초보든 전문가든 상관 없다. 신기한 것은 반드시 유튜브를 해야만 찐 구독자가 나타나는 것도 아니다. 동영상 플랫폼으로 어느 것을 골라야 하는가의 문제도 아니며 콘텐츠도 반드시 인터넷에 올려야 하는 것의 문제도 아니라는 뜻이다. 아무 것도 하지 않아도 찐 구독자가 스스로 나타날 수 있다.

이 말은 다시 말해서 '찐 구독자'란 여러분이 만든 콘텐츠를 시청하기 이전에 '여러분 자체(사람됨됨이)'를 먼저 보는 그 누군가라는 의미이다. 가령, '여러분이 열심히 하느냐 아니냐'를 보는 사람이라고 할 수 있다. 여러분이 열정을 갖고 채널을 운영한다면 그 사람도 여러분의 든든한 찐 구독자가 될 것이다.

그래서 '진행자 자체에 대해 관심을 갖는 팬'과는 다르다. 진행자 자체에 대해 관심을 갖는 팬이란 의미는 진행자의 외모, 패션 스타일, 멘트 및 드립력에 대해 관심을 갖는 것이다. 진행자가 만드는 콘텐츠보다는 진행자 자체를 연예인으로 대상화하여 스타와 팬의 관계처럼 된다. 반면에 '여러분 자체'를 먼저 보는 찐 구독자는 여러분의 일하는 태도나 열정을 먼저 보는 이들이다.

여러분을 먼저 보는 그 사람이 여러분의 일에 대해 응원하고 돕는다. 찐 구독자가 있는가의 문제는 누군가에게 여러분을 진심으로 돕고자 하는 마음을 얻었는가의 문제이다. 여러분이 만드는 콘텐츠가 아니라 여러분 자체가 찐 콘텐츠가 되어야 하는 이유가 여기에 있다.

가족, 친구, 선후배, 또는 친인척이 여러분을 지켜봐 오며 여러분을 '찐'이라고 생각하는가? 그렇다면 여러분은 어느 채널에서 하더라도 어느 콘텐츠를 만들더라도 이미 인기 크리에이터, 인기 스트리머, 대박 콘텐츠의 주인공이 될 가능성이 있다.

⑨ 시청자를 부르는 '멘트' 이야기

멘트란 말 한마디에 시청자와 구독자가 증가하는 노하우이다. 출연자와의 인터뷰나 상품 홍보 라이브 방송에서 무조건 시청자에게 어필하고 결과를 기대해 보라는 소위 '말발 기술'을 이야기하는 것이 아니다.

시청자를 현혹시키라는 것이 아니라 내 편으로 만드는 기술이다. 여기서 중요한 점은 시청자가 내 편이 되느냐 아니냐라는 점이다. 시청자를 진행자의 편으로 만드는 기술 '대화력(멘트)'에 대해 이야기해 보겠다.

'시청자의 심장을 흔드는 멘트 전략'은 콘텐츠의 처음과 마무리이자, 카메라 앞에 서서 화면에 비춰지는 마음가짐부터 시청자들과 대화하는 노하우까지에 해당되는 내용이다. 앞서 알아본 '시청자와 만나는 영상통화'는 카메라 앞에 서서 자연스럽게 행동할 수 있도록 거울을 보며 연습하자는 내용이었다. 여기서 이야기하려는 전략은 시청자를 불러 모으는, 내 채널에 오게 만드는 대화력에 대해서라는 점에서 차이가 있다.

누구에게 대화력이 필요할까? 첫 방송에서 말 한마디를 제대로 못하다가 매번 얼굴만 붉히는 사람에게, 낯선 사람과 마주하면 얼굴이 달아오르고 눈을 마주치지 못하는 소심이들을 위해, 쇼호스트, 아나운서, 리포터를 준비하고자 채널을 오픈한 예비 방송인들에게, 시청자들에게 감동을 주려는 진행자들에게, 매력적으로 멘트를 할 수 있는 방법이 필요한 사람에게, 시청자를 진행자 편으로 만드는 기술 '멘트'가 필요하다. 그런데 멘트는 대화이다. 진행자와 시청자는 대화로 연결된다. 그렇다면 대화란 무엇인가?

대화는 단순히 말을 주고받는 것이 아니다. 대화는 감정을 공유하는 순간을 말한다. 그 순간이란 진행자의 눈빛과 몸동작, 손짓, 시선 처리, 옷차림뿐 아니라 멘트를 하는 장소, 주변 사람들, 날씨, 뉴스, 그날의 스케줄, 그날 기억, 내일 일정 등처럼 복잡다단한 수만 가지 상황과 맞물려 형성되는 지극히 개인적인 감정들이 쌓인 시간들의 집합을 말한다.

그래서 누가 누구를 만나서 대화를 한다는 것은 우주에서 행성 하나가 새로 생기는 것처럼 거대하고 복잡한 일이다. 단순히 말을 주고받는 것을 대화라고 부를 수 없는 이유이다. 그렇기 때문에 진행자의 멘트는 일반 사람들과 달라야 한다.

요즘 사람들의 대화를 듣다보면 지극히 간단명료하거나 한마디 한마디가 날카로워서 상대방의 감정을 헤집어 놓는 것도 모자라 베는 일들도 많아졌다. 말 한마디에 힘을 얻고 상처를 받는 일이 워낙 자주 일어나다 보니, 감정을 자극하는 언어 유희들도 많아진 것이 사실이다. 책 속 한 문장을 사진으로 찍어서 스마트폰에 배경화면으로 저장해 두는 사람들, 오래 깊이 있게 사색해야 하는 책보다는 짧은 순간 고개만 몇 번 끄덕이며 '맞아 맞아!' 하며 탄성만 내지르면 되는 짧은 문장으로 된 책을 선호하는 사람들이 많아졌다. 철학적 사색의 깊이 보다는 감정의 상처를 보듬으려는 사람들이 많아진 이후, 공감 능력이 강조되는 사회의 모습이다. 그래서인지 대화다운 대화가 사라지는 중이다.

이는 감정을 공유하는 시간으로서의 종합적인 대화가 아니라, 순간적 희열을 맛보는 시각적 대화가 등장한 이유이다. 글을 주고받을 때도 반드시 감정 표시 이모티콘이 들어가야 하고, 글보다는 사진 한 장이나 캐릭터 한 컷이 글을 대변하는 일들이 일어났다. 지금은 자음과 모음의 결합으로 이뤄지는 완성된 이야기가 아니라 모음 하나로, 자음 하나로 소통하는 소모적 대화만 넘쳐 나는 중이다. 우리에게 필요한 진짜 대화의 기술이 어디론가 사라져 버린 느낌이다.

대화란 무엇인가? 마주 보고 주고받는 이야기이다. 문자 메시지를 주고받는 것은 대화가 될 수 없다. 또한 영상통화를 통한 소통이 진정한 대화를 의미하지는 않는다. 대화를 나누는 사람들의 시각에 들어오지 않는 사각지역이 있어서이다. 진정한 대화는 마주 보고 나누는 이야기여야 한다.

그렇다면 대화의 기술은 무엇인가? 대화란 상대방의 감성을 공유하는 방법이다. 대화를 나누면서도 상대방의 감성을 '나 몰라라' 한다면 그것은 대화가 아니다. 상대방은 자기 이야기가 내게 제대로 전달되지 않는다고 여길 것이고, 그 대화는 차라리 안 하느니만 못한 것이 된다. 서로 시간만 낭비할 것이 분명하다. 그렇다면 어떻게 해야 제대로 된 대화를 할 수 있을까?

이 질문은 대화를 하려는 사람이라면 반드시 알아야 할 부분이다.

누구를 만나는지, 누구랑 어디에서 이야기를 할 것인지, 어느 옷을 입을 것인지, 어떤 동작을 할 것인지, 어느 음악을 들을 것인지, 상대방의 하루 일과가 나랑 대화를 하기 전에 어떤 일이 있었는지도 중요하다. 모든 상황이 연결되어 대화에 영향을 미치기 때문이다. 그래서 멘트란 진행자가 시청자의 감성을 공유하는 방법이고, 진행자가 소통에 임하는 자세이기도 하다.

"친구들이랑 수다 떨고 문자 메시지하고, 그런 게 대화 아닌가요? 진행할 때도 그렇게 하면 될 거 같은데요, 다른 크리에이터들도 다 그러는 거 같아요. 대화가 뭐 별 건가요?"

대화는 작은 것이 아니다. 소홀히 할 부분이 아니다. 전쟁에서도 대화만으로 승리한 역사가 있다. 서희가 소손녕과 담판하여 강동 6주를 얻은 일이 있지 않은가? 결과만을 놓고 보더라도 전쟁을 승리로 이끈 것은 대화의 힘이다. 그 담판에서 힘을 발휘한 서희의 대화력(멘트력)을 살펴봐야 하는 것은 물론이다.

이처럼 '좋은 멘트'란 상대방(시청자)을 내 편으로 만드는 기술인 동시에 시청자의 감정을 공유하여 진행자의 팬이 되도록 승기를 잡는 방송술이기도 하다. 언제나 주고받는, 항시 입 밖에 던지는 말이 방송 멘트의 전부가 아니다. 멘트를 하는 방법에 대해 배우고, 멘트를 잘하는 훈련을 해야 한다.

멘트를 할 때 필요한 것은 무엇인가?

멘트를 던지면서 준비해야 하는 것은 무엇인가?

멘트를 한 후에는 어떻게 해야 하는가?

진행자란 시청자들을 대신해서 자신의 경험을 전달하며 시청자에게 정보를 제공하는 역할을 담당한다. 그래서 진행자는 경험을 판다고도 말할 수 있다. 진행자는 콘텐츠를 파는 것이 아니라 '콘텐츠를 미리 본 경험'을 파는 사람이기도 하다. 특히, 콘텐츠의 특징과 장점을 시청자에게 제대로 어필하고, 시청자가 콘텐츠에 대해 궁금하고 혹시라도 염려할 만한 부분이 있다면 진행자가 직접 미리 본 경험을 통해 시청자들에게 신뢰를 전달하는 역할을 맡는다.

또한 진행자는 마케터이다. 자신의 콘텐츠를 파는 것이 아니라 자기가 미리 본 좋은 콘텐츠를 다른 사람에게도 권하는 역할을 한다. 그래서 세일즈 마인드가 있어야 한다. 단순히 자신의 콘텐츠를 미리 소비해 본 경험만을 전달한다면 진행자는 필요 없다. 진행자는 채널에 업로드된 콘텐츠를 단 1명의 시청자에게라도 권할 수 있는 세일즈 마인드가 충분해야 한다. 흡사 배우가 단 1명의 관중을 위해 연기를 하듯, 진행자는 단 1명의 시청자일지라도 서로 대화하며 성심성의껏 콘텐츠 권유에 최선을 다해야 한다.

그래서 능력 있는 진행자는 간접 경험이 많아야 한다는 이야기도 있다. 물론 그 간접 경험이란 수많은 연습을 통해 생길 수도 있고, 실전 경험을 쌓아 나가며 얻을 수도 있다. 실전이나 연습이나 모두 중요하다. 그래서 대다수의 진행자가 책을 많이 읽고 콘텐츠 평가를 연습하며 자기 글을 직접 써서 읽어 보는 연습을 한다. 불특정 다수와 대화하며, 카메라 저편에 존재하는 보이지 않는 사람들의 감정을 공유하는 진행자가 되자.

단, 제한된 규칙에 반드시 정형화될 필요는 없다. 자기만의 방식으로 개성을 살려도 좋다. 인터넷이라는 특성상 어느 정도의 자유로움은 필수적이다. 물론 타인에 대한 배려와 시청자에 대한 예의가 우선이어야 하는 것은 당연하지만 말이다.

PART

6

동영상 플랫폼의 변화
미리 준비하기

: 시청자가 제작자로,
제작자가 시청자로 변하다

앞서 인터넷 초창기부터 현재의 유튜버가 등장하기까지를 알아봤다면 이번 파트에서는 유튜버를 비롯한 동영상 플랫폼의 미래에 대해 예상하고 어떻게 준비를 할 것인지에 대해 이야기한다. 현재 이뤄지고 있는 동영상 플랫폼의 변화에 따라 크리에이터와 스트리머가 마주할 수 있는 콘텐츠 제작 환경의 변화에 대해 이야기한다. 수치와 사례는 과거의 경험에서 생기고 이론은 과거의 사례를 분석해서 정립된다고 할 수 있다. 그래서 미래 이야기를 할 때는 필연성보다는 개연성에 의해 새로운 모습을 그려 보는 데 족하다.

유튜버가 되기에는 이미 레드오션이라서 힘들다고 생각하는가? 시청자 확보와 구독자 늘리기가 어렵다고 생각하는가? 인기 유튜버들이 선점한 현재 상황에서는 성공할 가능성이 크지 않다고 푸념하는가? 기술은 더욱 발전하고 시청자는 계속 늘어난다. 여러분이 만들수 있는 콘텐츠는 무궁무진하며 여러분의 채널을 구독해 줄 수 있는 시청자와 구독자는 증가하고 있다. 여러분의 성공을 위해 중요한 것은 미래를 미리 준비하는 아이디어뿐이다.

콘텐츠의 미래
: 미리 준비하는 제작자가 되어 보자

SUBSCRIBE 🔔

시청자와 제작자의 구분이 사라진다?

인공지능이 1인 방송 진행자로 나선다?

시청자가 제작자가 되어 콘텐츠를 만들고 제작자가 시청자가 되어 콘텐츠들을 본다. 인공지능이 크리에이터가 된다. 1인 방송을 컴퓨터가 한다. 사람은 집에 있으면서 방송은 드론 카메라를 통해 원거리로 중계한다. 후원 선물로는 가상 화폐를 사용한다. 자율 주행 자동차에서 1인 방송을 한다. 사물 인터넷으로 시청자 집의 가전도구를 움직이게 한다. 이는 허풍으로 들릴 수 있어도 동영상 플랫폼의 현재와 가까운 미래 이야기이다.

시청자에서 동영상 제작자가 되는 것은 현재도 가능한 일이다. 이러한 상황을 초월하여 인터넷상에서 모든 사용자들의 일상이 공유되는 세상이 도래할 것이다. 머지않아 동영상 플랫폼은 시청자와 제작자의 경계가 완전히 사라져서 서로 교류되는 공유 공간으로 성장할 것이다. 이러한 변화는 콘텐츠를 공유하면서 확장세를 더해 가는 동영상 플랫폼 안에서 가능하게 된 이야기이다.

유튜브가 등장하기 이전의 TV를 생각해 보자. 이때는 방송국의 프로듀서가 방송 프로그램을 기획하고 연출할 수 있었다. 일반인들은 방송을 시청하는 것만 가능했다. 텔레비전에 나올 수 있는 '권한'을 극소수의 사람이 독점하다 보니 시청자는 그대로 시청자로, 제작자는 그대로 제작자로 구분될 뿐이었다. 시청자가 제작자가 되기에는 진입 장벽이 너무나 높았다. 스타는 TV 방송국에서 만들어 냈다.

그런데 세상이 바뀌었다.

'나도 한번 만들어 볼까?'

이제는 다른 사람들이 만드는 동영상을 보다가 자신만의 동영상을 자기가 원하는 그대로 만들 수도 있다. 이는 시청자가 제작자가 되는 순간이다. 시청자와 제작자, 시청자와 진행자의 구분이 사라진 상황이다. 자기가 좋아하는 취향에 따라 동영상을 찾는데 그 수가 부족하다면? 다른 유튜버들의 인기 있는 동영상을 보면서 '나라면 이건 이렇게 할 텐데', '나라면 그건 그렇게 할 텐데'라고 답답해한다면? 그 시청자는 얼마든지 동영상 제작에 뛰어들 수 있다.

그런데 시청자가 제작자가 되어 콘텐츠를 만들다 보면 어느 순간에 '정체'되는 것을 느낀다. 아이디어도 부족한 것 같고 의욕도 전처럼 열정적이지 못한 것을 느낀다. 게다가 조회 수도 점점 낮아지는 것 같고 뒤처지는 것 같아서 위기 의식을 갖게 된다. 예전에는 동영상을 새로 올리기만 하면 구독자들이 와서 조회 수를 올려 주고 추천해 주는 것이 보였는데 어느 순간부터는 그 속도가 느려지기 시작한다.

이처럼 눈에 띄는 쇠퇴 기운이 생기면 심리적으로 불안해지기 시작한다. 그동안 콘텐츠 차별화를 위하여 다른 사람들의 채널은 의도적으로 보지 않았는데 이제는 다른 유튜버들이 만든 동영상들을 보며 아이디어를 찾으려고도 한다. 새로 만들려고 하면서도 지금까지의 방식과는 다른 새로운 내용으로, 다른 동영상들의 장단점을 분석해서 나만의 방식대로 만들려고 한다.

그러다가 세상이 또 바뀐다. 이번에는 인공지능이 등장한다. 이로 인해 구독자와 시청자가 가상 세계에서 통합되고, 증강 현실로 통합되고, AI 인공지능과 함께 통합되는 상황이 된다. 시공간의 구분이 모호해지며 구독자와 시청자의 구분도 사라지는 것과 같다고 볼 수 있지 않을까? 시청자와 구독자가 양분했다가 통합되는 지금의 상황에서 더욱 활발하게 3자 통합으로 확산되는 것이다. 그렇다면 미래의 세상은 어떻게 변화할까? 만약 시청자 증가와 구독자 확보를 원한다면 다른 사람들보다 한 발 앞서 준비하자. 다가올 미래를 예측하고 자기만의 전략을 준비하는 사람이 성공의 승기를 먼저 잡을 수 있다. 이 뒤에서는 동영상 플랫폼 및 콘텐츠 관련 분야에서 곧 다가올 세상을 전망해 본다.

2 쇼핑 콘텐츠의 등장과 변화
: 쇼핑이 바뀌다

"인터넷에서 쇼핑하세요!"

"지금 여러분이 보시는 상품을 바로 주문하세요!"

"네? A 상품을 보여 달라고요? 아하, B 상품의 색상이랑 디자인을 더 자세히 보여 달라고요? 네, 가능하죠. 자, 여기 보세요."

"여러분! 지금 ○○○ 님이 상품 주문을 하셨고요, ㅁㅁㅁ 님은 다른 가격대 상품도 보여 달라고 하시네요."

동영상 플랫폼에 쇼핑 방송의 등장은 콘텐츠의 확산이라는 점에서 당연한 수순이었다. 시청자와 구독자를 확보한다는 것은 트래픽이 생긴다는 것이어서 채널의 주목도가 높아진다는 것과 같다. 이는 즉 사람들이 모여든다는 의미인데, 사람들이 모여들다 보니 상권이 형성되고 가게들이 들어서면서 마치 물건을 사고 파는 장터가 형성되기 시작했다.

그러나 앞으로는 조금 다른 양상이 펼쳐질 것이다. TV 홈쇼핑의 경우 한정된 채널에서 상품을 고르고 선별하여 방송했는데 쇼핑 콘텐츠는 상품 가짓수만큼 상품 판매 채널 확보가 가능하므로 모든 상품을 취급할 수 있는 것이 장점이었으나 앞으로는 양상이 달라질 것이라는 이야기이다. 과연 어떻게 변할까? 방송 콘텐츠로서 상품을 판매한 그 이후를 살펴 보며 알아보자.

 방송 콘텐츠에서 상품 판매 그 이후

"그 상품 방송은 지난 번에 끝나서요."

"상품 문의는 제조사로 해 주세요."

기존의 상품을 판매하는 채널(쇼핑 콘텐츠 채널)은 진행자가 상품 소개를 하고 실시간 시청자들이 주문을 하는, 이른바 TV 홈쇼핑과 운영 방식에서 다를 바가 없었다. 굳이 차이점을 따지자면 홈쇼핑은 스튜디오에서 방송되지만 쇼핑 콘텐츠는 가게 현장이나 길거리처럼 언제 어디에서나 가능하다는 점이다. 심지어 쇼핑몰 화면을 띄워 두고 상품을 클릭해 가며 소개하는 콘텐츠도 가능하니 말이다. 문제는 판매 후의 대처 방식이다.

TV 홈쇼핑은 고객 상담이 체계화된 반면에 쇼핑 콘텐츠 채널은 진행자 1인 회사인 경우가 다수라서 시기적절한 고객 응대가 어려울 수 있다. 그렇다고 해서 직원을 무턱대고 채용할 수도 없고 난감하다. 심지어 소개 상품과 경쟁 관계인 상품 광고가 채널 영상에 얹히면서 문제 소지가 될 수도 있다.

그래서 앞으로의 쇼핑 콘텐츠는 동영상 화면에 표시될 광고를 미리 선별하여 지정해 두고 쇼핑 콘텐츠에서 판매하는 상품과 겹치지 않도록 하는 방식을 이용할 것이다. 대신 쇼핑 콘텐츠를 운영하는 채널이 해당 플랫폼에 채널 사용료를 지불하는 방식으로 변모할 것이다. 플랫폼 입장에서는 동영상 트래픽 발생 비용을 동영상에 넣는 광고 수익으로 충당했는데, 이 경우에는 동영상에 광고를 넣지 못하므로 트래픽 발생 비용을 어떤 식으로든 충당해야 하기 때문이다. 채널에서 트래픽 비용을 지불해 준다면 플랫폼에서는 그 채널에 굳이 광고를 넣을 필요는 없어진다. 채널은 자기만의 상품을 판매할 수 있어서 좋고 플랫폼은 트래픽 비용을 보완할 수 있으니 좋다.

한걸음 더 나아가서는 인터넷 방송을 하는 시간 내내 소개하는 상품에 대해 실시간 가격 비교 상황이 나오며 점차적으로 진행자가 사라진 쇼핑 방송이 될 것이다. 관련 상품 추천과 소개, 가장 저렴한 가격과 가성비 가격 조건 등은 AI가 취합하여 방송 화면에 띄워 줄 것이다. 그 와중에 3D 컴퓨터를 사용한 직제조 가격까지 제공되는 것은 물론이다.

상품의 방송과 동시에 판매 후 즉시 배송 체계가 자리 잡을 것이다. 방송 도중에 드론이 상품 배송을 한다. 방송 시간은 1시간, 배송은 30분. 고객은 방송이 끝나기도 전에 실제 상품을 받아 보고 결제를 결정할 수 있게 될 것이다. 새벽 배송이 사라지고 주문과 동시에 실시간 배송이 자리 잡을 것이다.

드론 택배가 활성화되는 이유는 택배 근로자 과로사 등의 노동조건이 업계에 부담으로 작용하게 되면서부터라고 봐야 할 것이다. 방송에서 주문과 동시에 배송하는 시스템이 확립되면서 드론 배송 과정을 시청자들에게 생중계하는 촬영 드론이 나올 것이다. 이 시기가 되면 진행자들이 쇼핑 방송을 하는 동시에 촬영 드론으로 중계되는 택배 화면을 보며 시청자들에게 중계해 주는 일이 벌어질 것이다.

 ## ② 방송 콘텐츠와 쇼핑 콘텐츠가 바뀌다

"이번 달까지만 상품 소개하겠습니다."
"제가 직접 만든 상품들이 있어서요."

지금도 그렇지만, 상품 소개 채널에서는 어느 순간부터 상품을 받지 않고 직접 자기 제품을 만들어 판매하게 된다. 이는 그 채널이 중

개자에서 제조사가 되는 것이다.

그래서 쇼핑 콘텐츠 진행자가 자기 브랜드로 상품을 만들어 자기 채널에서 판매하는 상황들이 더 많이 생길 것이다. 그러면 일반 상품 제조 회사들은 채널에 소개되기를 포기하고 자사 직원으로 자사 상품을 판매하는 채널을 직접 만들게 된다.

A 채널 진행자가 자기 브랜드 상품을 판매하면 다른 채널의 다른 진행자에게 맡겨서 판매하면 되지 않겠냐고도 생각할 수 있겠지만, 상품 제조사 입장에서는 똑같은 상황이 반복될 수 있을 바에는 차라리 직접 채널을 만들려고 나설 것이다. 게다가 상품 판매라는 것은 진행자의 이미지와 상품의 이미지도 중요하기에 적합한 진행자를 찾는 것도 쉬운 일이 아니기 때문이다.

그러다 보면 동영상 플랫폼에는 인기 진행자의 브랜드 제품을 판매하는 채널을 비롯하여 상품 제조사들의 채널이 우후죽순 생겨날 것이다. 회사들마다 라이브 방송 담당 부서를 두고 직원들을 채용해서 판매에 나설 것이다.

이 경우, 콘텐츠 제작자들이 상품을 만들 여력이 없다면 조금 더 색다른 콘텐츠를 만드는 것이 유리하다. 가령 상품 제조사들이 운영하는 채널을 방문해서 채널 모니터링이나 상품 사용 후기 관련 채널을 운영하는 식으로 말이다.

또한 인기 상품 판매 채널이 있다면 그 상품 관련 액세서리를 판매하는 채널을 운영해도 좋다. 상품 제조사들의 채널들만 모아서 소개하는 채널을 만들 수도 있다. 쇼핑 콘텐츠 시청자들을 위한 신속하고 간결한 정보 제공을 목적으로 채널을 운영하면서 시청자들의 구독 버튼 누르는 횟수가 늘어나게 될 것이다.

게임 콘텐츠의 변화
: 가상 현실이 현실이 되다

"안 되겠어! 이번엔 내가 들어갈게!"

게임방송은 증강 현실과 가상 현실에 이어, 반증강 현실 기술이 도입되면서 단순히 시청하는 차원을 넘어 게임 속으로 들어가서 사람이 실제 게임 캐릭터가 되는 콘텐츠가 각광받을 것이다. 대표적인 예로 메타버스(metaverse)가 있다. 자신의 사진을 넣고 자기 얼굴과 닮은 캐릭터를 만든다. 게임 속으로 들어가서 캐릭터가 되어 실제 게임을 한다. 단순 게임이라고 해서 전략 시뮬레이션이나 슈팅 게임, 스포츠 게임뿐만을 이야기하는 것이 아니다. 현실 생활과 똑닮은 일상이 게임 속에서 이뤄지면서 돈거래를 할 때는 가상 화폐가 사용되며 현실의 은행 잔고에서 입출금이 이뤄지게 될 것이다.

예전의 게임방송은 게이머의 기술을 시청하면서 게임 능력치를 올려 보고자 하는 욕구에 힘입어 인기를 얻었으나 이제는 '게임 능력치'를 넘어 '게임 체감치'를 구현하는 세상이 올 것이다. 글자 그대로 가상 현실이 현실화되는 셈인데, 영화 「매트릭스」를 생각해 보면 이해가 쉽다.

"그러면 사람들 뒤통수에 케이블을 연결해서 컴퓨터랑 연결한다는 건가요?"

언뜻 듣기에 먼 미래일지도 모르나 그 기술은 준비되었다. 굳이 사람 뒤통수에 케이블을 연결할 필요도 없다. 이는 영화 「매트릭스」나 「아바타」에서나 소개된 구식 기술이다. 영화가 공개된 지 수십 년이 흘렀다. 이는 그 기술은 이미 낡은 기술이라는 의미이다. 뇌파로 움직이는 의수와 의족, 뇌파로 움직이는 가전제품이 등장한 것은 오래 전이다. 일례로 성인 산업에서는 연인의 신체와 똑같은 기계를 만들어서 장거리 연애를 하는 커플들에게 공급하기도 한다. 이 기계들은 연인들의 뇌파로 동작을 한다. 실제로 만나지 않고도 데이트를 즐기는 세상이다. 이처럼 컴퓨터를 이용해 뇌 능력을 강화하는 뇌 컴퓨터 인터페이스 기술을 개발하는 회사가 등장한 것도 2016년의 일이다. 현재는 원숭이에게 실험이 이뤄지고 있으며 뇌에 칩을 심고 뇌파로 게임을 하는 기술이 곧 선보여질 것이다. 이 분야의 회사로는 뉴럴링크 등이 있다. 뉴럴링크는 일론 머스크가 투자하고 있는 회사이기도 하다.

다시 생각해 보자. 우주에서는 위성이 하루 24시간 내내 지구 곳곳을 촬영하고 있고, 도로에서는 360도 카메라가 도로 곳곳을 훑어 데이터로 저장하고 있다. 여기에 더해 사람들이 스스로 '자발적으로' 공유한 일상생활이 SNS와 블로그와 동영상 플랫폼에 저장되고 있다. 일상이 가상이고 가상이 일상이 되어도 전혀 이상하지 않은 세상이 된 것이다. 한술 더 떠, 딥페이크(deep fake) 기술로 내가 너가 되고 그가 내가 될 수 있는 영상 기술이 나오면서 실체와 허상의 경계가 모호해지도 했다.

"게임방송이 실제 삶 속으로 들어오는 건가요?"

그럴 수 있다. 현실과 허상이 혼용되면서 가상 세계와 현실 세계를 교묘하게 뒤섞는 상품들이 속출할 것이고 사람들은 만남의 공간으로 현실과 가상을 동시에 사용할 것이다. 게임방송은 가상 세계에서 시청자들과 소통하다가 현실 세계로 넘어와서 게임 플레이를 공유하는 방식이 인기를 끌 것이다.

"그런 건 머나먼 미래의 기술 아닐까요? 외계인만이 가능한 뭐 그런 거?"

테슬라 자동차의 CEO '일론 머스크'의 꿈은 대표적으로 두 가지. 하나는 화성에 사람들이 이주하는 것이고 또 다른 하나는 사람들의 두뇌에 칩을 심는 것이라고 공공연하게 밝히고 있다. 그는 자신의 주장을 실현시키기 위하여 이미 오래 전부터 회사를 세워 연구를 해 오고 있다. 생각만으로 모든 물체를 조종할 수 있고 움직이게 하는 사물인터넷(IoT : Internet of Things) 기술도 논리는 이미 나왔다. 머스크의 바람대로 머지않아 사람의 두뇌에 칩을 심게 되면 사람들은 현실과 가상을 오가게 된다.

이러한 세상이 오는 것은 머나먼 후의 일이 아니다. 이미 현실 의료계에서는 뇌에 심은 칩으로 사지마비 환자가 로봇을 사용해서 걷게 만드는 연구를 하고 있고, 2019년에는 프랑스 그르노블대 연구팀이 사지마비 청년의 뇌에 칩을 심어 뇌파만으로 외골격로봇을 조종하는 데 성공하기도 했다.

만약 이 시대가 오면 게임 아이템 거래 시에도 실물 화폐가 아니라 가상 화폐로 결제하게 될 것이다. 화폐 가치의 변동폭이 커서 기축 통화로 불가능하다는 것은 누군가 가치 변동폭을 잡으면 기축 통화가 된다는 말과 같다. 현실에서도 수퍼마켓이나 백화점에서 가상 화폐 사용은 어렵지만 게임 아이템 거래에서 가상 화폐 사용은 전혀 어렵지 않다. 이로 인해 가상 화폐 획득을 노리는 게임들이 등장할 것이다.

대기업의
진출과 그 후
: 데이터 센터가 돈을 벌다

SUBSCRIBE 🔔

 ① 로봇 유튜버의 등장

최근 들어 대기업들은 막대한 자본으로 데이터 센터를 각 국에 세웠다. 지금 당장은 돈도 안 되고 투자 비용만 기하급수적으로 들어가는데 고가의 반도체를 쓸어 담다시피하며 세계 여기저기에 데이터 센터를 세우는 중이다.

이는 대기업들이 동영상 플랫폼의 성공을 경험했기 때문이다. 대기업은 사람들이 SNS에 자기 개인 정보를 스스로 공개하고 공유하는 것을 넘어 자기 일상까지 낱낱이 공유하는 모습을 지켜보았다. 사람들은 자기 얼굴과 자기 집, 자기 시간의 사용 방식, 자기가 먹는 것, 자기가 입는 것을 공개했고, 자신의 정치적 성향과 개인의 취향은 물론 자기 자신의 은밀한 성적 취향까지 낱낱이 인터넷에 올리고 있다.

그래서 대기업들은 그런 모든 데이터를 사람들이 모르는 세계 어딘가에 차곡차곡 저장하기 시작했다. 인터넷 기업들이 사람들의 일상을 기록해 두고 있는 것이다. 대기업들은 그렇게 모아 둔 여러분의 '일상생활' 데이터를 또다시 여러분의 '지갑'을 여는 데 쓸 것이 분명하다.

"대기업에서는 동영상 플랫폼의 성공을 지켜봤으니, 이제 그 다음을 대비하려고 하겠네요?"

그렇다. 소비 시장의 변화 차원에서 예상하자면 그 다음은 '로봇'이다. 2021년에 모 자동차 회사가 로봇 회사를 인수·합병한 것도 이런 변화의 흐름에서 주도권을 잡기 위해서이다. 여러분이 자발적으로 제공한 일상의 데이터들은 인공지능과 로봇에게로 자동 저장될 것이다. 그리하여 인공지능이 로봇을 사람처럼 움직이게 할 것이다. 여러분의 일상을 완벽하게 파악한 인공지능은 로봇이 여러분 대신 일하도록 만들 것이다.

그러면 그 로봇은 사람이 통제하는 로봇이 아니라 인공지능이 통제하는 로봇이 될 것이다. 이 시대가 되면 대다수의 사람들은 극소수의 사람들이 통제하는 인공지능과 로봇이 지배하는 세상에서 무한대의 자유시간을 누리며 살아갈 것이다. 영화 속 이야기로 들린다고? 곧 다가올 현실이다. 단, 극소수의 그들이 이타심과 배려로 가득한 마음을 지닌 박애주의자라면 말이다.

생각해 보자. 동영상 플랫폼에서 동영상 콘텐츠를 만들고, 편집하고, 업로드해서 광고 수익을 기대하며 돈을 벌려고 하는 사람들의 마음은 이제 곧 '편하게 돈 벌기'로 이동할 것이다. 그렇다면 구체적으로 어떻게 변화할까?

'월급루팡[1]'이나 '빌런[2]', '추노[3]'라는 용어가 왜 생겼는지를 생각해 보자. 사람들의 논리는 대중을 위하기에 앞서 자기 자신의 안위를 먼저 고려하는 것이 중심이 되어 있다. 사람들의 논리는 속칭 '자기 방어기제'라고 할 수 있다. 스스로 편하고 자기 안위적인 삶을 바란다. 그런데 사람들이 바라는 그 삶 속에 다름 아닌 '로봇'이 있다.

로봇을 방송 환경에 응용하자면, 1인 방송 환경에도 로봇이 진행자로 등장할 것이며, 사람은 로봇을 조종하며 집에 머물고 로봇이 현실 세계에서 사람의 아바타로 일하고 교류하고 움직이게 될 것이다. 사람들은 집에서 로봇들을 조종하며 새로운 콘텐츠에 즐거워할 것이다.

가령, 자율 주행 자동차가 스스로 운전하는 동안에는 충분히 1인 방송을 할 수 있다. 자율 주행 자동차 탑승 후기 동영상 정도를 말하는 것이 아니다. 또한 드론에 카메라를 부착해서 날리고 사람은 집에

---

1) 월급루팡 : 맡은 회사일을 적게 하거나 안 하면서 월급을 받는 것을 일컫는 것
2) 빌런 : 무엇인가에 집착하거나 남에게 피해를 주는 사람
3) 추노 : 일이 힘들면 급여나 보수를 포기하고 이탈하는 것

서 1인 방송을 할 수 있다. 드론에 카메라를 달아 촬영하는 영상을 보며 실시간으로 생방송이 이루어질 것이다.

② 일상이 낱낱이 공유되는 사물 인터넷 시대

"사람들의 일상이 더 공유되는 사물 인터넷 시대에 24시간 일상이 방송이 되는 것이군요."

대기업의 데이터 센터와 로봇 사업은 사물 인터넷 사업으로 변모해 갈 것이다. 사물 인터넷이란 각종 물건에 센서와 통신 기능을 넣어서 인터넷에 연결하는 기술을 가리킨다. 한 마디로 '사물을 통제하는 기술'이다. 물건을 내 마음대로 조작하는 것과 같다고 봐도 무방하다. 게다가 '사람이 조종하지 않아도 되는 원거리 통제 기술'이다.

그 가짓수도 엄청나다. 2021년 기준 사물 인터넷이 가능한 사물은 260억 개 이상이며, 그 경제적 가치는 14조 달러가 넘는다고 한다. 원화로 계산하면 약 1경 4천 조 원에 달한다.

사물 인터넷은 센서와 통신 장비 구축에 따른 통신망 사용료만을 장점으로 가지고 있지 않다. 사물 인터넷의 진정한 가치는 사물 인터넷이 만들어 내는 데이터의 가치에 있다. 예를 들어, 웨어러블(wearable) 장비나 모바일 기기, 전기 제품에 적용되는 사물 인터넷이 만들어 내는 데이터라는 것은 인간의 의식주 모든 정보를 가리킨다. 결국 집, 회사, 놀이터, 문화 센터나 공연장 등 인간이 머무는 모든 곳에서 데이터가 만들어지는 셈이다. 사물 인터넷이라는 단어의 '사물'에는 인간이 주체가 아닌 '객체'가 된다는 의미가 포함되어 인간이 인간이 아닌 '사물'로 간주된다고도 할 것이다. 글자 그대로 '사물' 인터넷이란 이 세상의 모든 것이 인터넷을 한다는 의미라고 할 수 있으므로 어느 순간 인간 자체도 사물로서 인터넷을 하는 객체로 받아들여질 위험이 있다는 의미이다.

사물 인터넷의 미래가 데이터의 양에만 적용되는 것도 아니다. 전자 제품 작동이 원격 통제되기 시작하면서 내 집에서의 생활도 누군가에 의해 조작되고 통제받는 환경이 된다. 프로그램 오류가 생기면 내 마음대로 냉장고를 열 수도 없고, 커피포트에 전원을 켤 수도 없다. 책상 스탠드를 켤 수 없고, 자고 싶지 않아도 자야 하고, 먹고 싶어도 먹지 못하는 삶이 올 수도 있다.

우려스러운 점이라면 자칫하다가 대기업의 플랫폼에 사람들의 삶 자체가 종속될 수 있다는 점이다. 개인 정보 보호가 중요한 이유이고 사물 인터넷 관련 인공지능에 대해 윤리가 세워져야 하며 관련 법안이 필요한 이유이다.

그래서 사물 인터넷이 확대될수록 보안 업계의 규모가 그만큼 더 커진다. 하지만 보안은 보안일 뿐이다. 보안이 강하기로 유명한 굴지의 글로벌 기업들도 아차 하는 순간에 보안이 뚫린다. 인터넷 기업들이 가진 회원 정보가 탈취되었다는 뉴스 보도가 심심찮게 들리는 세상에서 100% 완벽한 보안을 기대하기란 애초에 불가능하다. 일상이 공유되는 환경에서 사람들은 동영상 플랫폼 안에 갇힐 수 있다.

 ### ③ 사물 인터넷은 어떻게 작동되는가?

사물 인터넷은 사물들끼리의 정보 공유와 명령 주체에 의한 동작 제어가 핵심이다. 그러기 위해서는 모든 사물이 각자의 신원 확인 주소를 가져야 하는데, 이것이 즉 IP 주소이다.

집안에 텔레비전과 냉장고가 있다고 하자. 한정된 공간 '집안'이라는 곳에서 냉장고와 텔레비전은 서로 인사(connect)를 하고 알아야 접속(access)한다.

'냉장고야, 나는 텔레비전이야, 반가워.'
'텔레비전이구나, 나는 냉장고야, 사이좋게 지내자.'

유튜브를 시청하는 것은 사람들뿐만이 아니다. 가전제품들도 유튜브에 참여하게 될 것이다. 텔레비전에 와이파이와 반응형 대화 기

능이 있는 AI가 들어가고, 음성 인식이 되며 카메라가 달린다면? 그
텔레비전이 유튜브 방송에 시청자로 참여해서 진행자와 이야기하는
것은 어려운 일이 아니다.

그런데 이 과정(가전제품들이 유튜브 시청자가 되는 과정)을 통해
집안 어디에 냉장고가 있고 텔레비전이 있다는 정보, 즉 '데이터'가 생
성된다. 언제 켜지고 언제 꺼지는지, 냉장고 안에는 어떤 음식이 있고
적정 온도가 몇 도인지 등의 데이터를 의미한다. 텔레비전을 보던 집
주인이 냉장고에 와서 음식을 꺼낼 때는 텔레비전이 꺼지고 냉장고의
냉장 기능이 잠시 보류되기도 하는 등, 집주인의 이동과 의사를 파악
하고 거기에 걸맞는 작동을 하기 위해 이처럼 가전제품마다 생성하는
데이터가 공유되어야 하기 때문이다.

그러려면 냉장고와 텔레비전에 센서가 달려야 하고 IP 주소가 필
요하다. 센서가 있어야 누군가의 움직임을 파악하고 행동을 할 수 있
으며, IP 주소가 있어야 서로 다른 사물이 제어 정보를 공유하고 작동
될 수 있다.

그런데 현재는 사람들이 컴퓨터나 모바일에서 사용하는 IP 주소
에 한계가 있다. 지금은 사람이 인터넷에 접속하지만 앞으로의 사물
인터넷 시대에는 세상의 모든 물건들이 인터넷에 스스로 접속할 수
있게 될 것인데, 그 모두에 IP 주소를 부여하려면 현재의 시스템으로

는 어렵기 때문이다. 따라서 변화에 발맞춰 새로운 시스템이 표준화될 것이다.

❶ 사물 네트워크

현실적으로는 생각하는 사물이 되어야 한다는 전제가 따른다. 냉장고와 텔레비전이 정보를 공유할 경우, 단순히 집주인이 간다/도착했다 정도의 차원이 아니라 집주인이 무슨 행동을 할 것인지 사물이 스스로 생각하고 응대하게 된다는 이야기이다. 요즘 IT 기업들이 '인공지능' 연구에 매진하는 이유이다. 인공지능 개발이 완료되면 세상의 모든 물건들이 스스로 생각해서 움직인다는 논리가 가능하다. 최소한 이론적으로는 그렇다.

❷ 사물 센서

사물이 인공지능을 갖춘다는 것은 인지 센서를 갖춘다는 것이다. 여기서의 '인지' 기능이란 거리 정보나 위치 정보만을 가리키는 것은 아니다. 인간에게 있는 모든 감각 정보도 포함된다. '미각, 후각, 촉각, 시각, 청각'말이다. 사물에 닿는 사람이 집주인인지 아닌지, 집주인이라면 집주인의 정보를 어떻게 파악할 것인지에 대한 기술적인 센서가 개발될 것이다.

가령, 집주인의 목소리, 냄새, 키, 얼굴, 옷 스타일, 눈 깜빡임, 지문 등처럼 집주인의 모든 정보를 사물이 갖고 있으며 이를 시기적절하게 사용할 것이다.

❸ 작동

추가적으로 사물은 스스로의 행동을 시작하고 제어하는 능력을 갖추게 된다. 집주인이 버튼을 조작하거나 리모컨을 사용하는 것, 음성 명령으로 지시하는 것 외에 집 안의 온도나 외부인의 침입 또는 손님 등장 등에 따라 스스로의 동작을 통제하고 제어하는 기능이 필수적이기 때문이다. 사람들은 더욱 편리한 것을 고안하려 할 것이며, 음성을 내지 않고도 사물을 움직이고 싶어 할 것이다.

이런 변화를 바탕으로 동영상 플랫폼에도 인공지능 크리에이터가 등장할 것이다. 각종 사물들을 인터넷으로 통제하는 상황을 방송으로 보여 줄 수도 있고, 시청자들의 집에 있는 가전 도구들을 조작하기도 할 것이며, 전기 자동차를 통제하여 각종 진기명기를 보여 줄 수도 있다. 인공지능 크리에이터는 조회 수와 구독자 수를 부풀려서 인기 동영상으로 자리 잡으려고 할 것이다. 동영상 제작 시에도 실시간 딥페이크 기술로 세상에 없는 사람의 모습을 등장시킬 것이다.

사물 인터넷에 대한 글로벌 기업들의 움직임도 이미 구체적인 단계에 진입한 상황이기도 하다. A 사는 2014년 스마트홈 분야 기업을 32억 달러에 인수하였고 2019년에는 빅데이터 업체를 26억 달러에 인수하였다.

TV 방송국의 살아남기
: 인공지능 PD의 등장

한때는 사람들의 시청권을 독점했던 텔레비전이 사라지고 디스플레이로 대체되면서 덩달아 TV 방송국은 쇠락의 길을 걷게 된다. 언론기관으로서의 대우와 준공무원으로서의 지위를 맞추느라 거대해진 복지 체계에 비해 광고료 수입이 줄어들고 시청료 징수마저 높이기 힘들어진 상태에서 TV 방송국은 그동안 콘텐츠 방영권으로 누렸던 지위 기반에 균열이 생기게 된다.

"TV 방송국은 그래도 큰 기업인데 브랜드력이나 공신력이 있지 않을까요?"

관건은 콘텐츠를 만드는 이와 누리는 이가 사람이었다가 인공지능이 콘텐츠를 만드는 세상이 된다는 점이다. 인공지능이 통제하는 TV 채널에서 사람들은 아무런 힘이 없다. 또한, 시청자가 있어야 채널이 힘을 가지며 광고료 징수와 시청료 징수를 할 수 있는 것인데, 인공지능이 통제하면서 광고료와 시청료 개념이 사라진다.

시청자들이 텔레비전 전원을 일찍 끄고 동영상 플랫폼으로 이동해서 스마트폰을 켜고 머물게 된 시대에 TV 방송국의 힘은 예전과 같을 수가 없다. 그래서 TV 방송국도 변화를 꾀하는데, 1인 방송 진행자를 TV에 출연시키거나 1인 방송 콘텐츠와 견줄 만한 다양한 프로그램을 만드는 것이다. 하지만 이 역시 젊은 시청자들의 눈길을 끌 수 있는 데 한계가 있다. 이는 다름 아닌 속도와 콘텐츠의 내용 면에서다.

속도, 트렌드를 반영하는 콘텐츠의 공급 속도
내용, 트렌드가 반영되는 콘텐츠의 내용

그 결과, TV 방송국에서는 숙달된 연기자와 제작 능력을 갖춘 전문 인력 인프라를 바탕으로 하여 시청자들에게 어필할 수 있는 자극적인 내용을 만드는 데 주력할 것이다. 고육지책으로 나오는 변화이기도 한데, 방송법의 규제를 받는 TV 방송국의 입장에서 간접 광고를 받아 수익성을 도모하고 공영 방송으로서 가능한 최대한의 자극적인 소재를 차용해서 '예전과 다른 TV 콘텐츠'를 만들고자 할 것이다. 하지만 인공지능이 콘텐츠를 만들게 되면서 제작 인력은 대대적으로 구조 조정을 당할 수도 있을 것이다. 이는 동시에 인공지능 PD의 등장이기도 하다. 현재 인공지능은 바둑을 두고 체스를 이기는 정도가 아니다. 패션 디자인을 하고 소설과 영화 시나리오를 쓰고 있다. 목소리만 듣고 그 사람의 얼굴을 만들어 내기도 한다. 남자의 외모를 여자로 바꾸기도 하고 딥페이크처럼 세상에 없는 실존하지 않는 인물을 등장시키기도 한다. 이 글이 독자 여러분에게 낯설다고 느껴진다면 그것은 독자 여러분이 인공지능에 무관심했을 수도 있다는 것과 같다.

'그러나 자극은 쉽게 무뎌지고, 시청자들은 더 심한 자극을 요구한다면?'

이때는 TV 방송 프로그램에서 오로지 시청률을 높이기 위한 방편으로서 전통적으로 TV를 즐겨보는 시청자층을 공략하기에 이르고 그 결과 '가족의 붕괴'를 TV 방송 프로그램의 소재로 다루게 될 것이다. 이미 '막장 드라마'라는 별칭 아래 가족의 붕괴를 다루는 프로그램이 생겨난 지 오래이다. TV 방송에서는 일부 드라마에서부터 사람들이 금기시해 왔던 영역을 무너뜨리면서 심한 자극을 줄 수 있는 프로그램들을 선보이기 시작하고 있는 것이다. 심지어 TV 뉴스에서도 차마 눈뜨고 볼 수 없는 사건 사고들도 적나라하게 보도하고 있기에 어쩌면 이미 TV가 자극에 치중하는 프로그램들을 만들고 있다고 해도 과언이 아닐 것이다. 인공지능은 시청률을 올리기 위하여 사람들이 '당연시하는 부분을 파괴'하는 충격적인 소재를 거리낌없이 차용하면서 점차적으로 시청률에 치중하는 행태를 보이게 될 수 있다는 의미이다.

그래서 이 상황이 된다면 TV 방송국의 살아남기는 인공지능을 통제하는 거대 자본에 의지하는 방향으로 흘러갈 수밖에 없게 된다. 뉴스 보도 프로그램이 사라지고 대기업들이 충당하는 운영비에 의존하며 다분히 대기업의 입장을 대변하는 내용에 치중하게 된다. 언론 기관으로서가 아니라 대기업들의 콘텐츠 제공 채널로서, 콘텐츠 제작사 중에 하나로서 채널이 되는 식이다.

그렇게 되면 인적 구조의 변화도 생길 것이다. 빠르게 변하는 인터넷 시대에서 다양하고 새로운 콘텐츠를 만들고 싶어 하는 프로듀서들은 인공지능의 방송국을 벗어나 신생 제작사로 옮기게 된다. TV 방송국을 벗어나 DMB 채널로 옮겨 갔던 예전 상황과는 전혀 다른 상황이 된다. 인터넷 소비자층을 발빠르게 공략하는 데 성공한 채널들이 살아남게 된다.

사람들은 한순간에 탄성을 지르다가 순식간에 다른 콘텐츠를 찾는다. TV와 스마트폰을 넘나들며 그들만의 커뮤니티에 집중하고 각자의 콘텐츠와 프로그램을 사용하며 자신에게 어울리는 것에만 반응하는 소비를 한다. 사람들의 시선을 붙잡으려면 훨씬 더 많은 콘텐츠가 필요해진다.

결국 문제는 돈으로 귀결된다. 콘텐츠 제작비가 기하급수적으로 늘어나면서 신생 채널들도 수익성 확보에 어려움을 겪을 것이고 결국 TV 방송국들은 대기업들과 협력을 할 수밖에 없을 것이다. TV 프로그램을 인공지능과 공유하면서 제작비를 운영비로 보전받는 식으로 제휴하게 된다. 결과적으로 TV 방송국의 콘텐츠도 인공지능 플랫폼의 흐름에 들어오게 되는 것이다.

시청자의 삶의 변화
: 스마트폰에서 눈을 떼지 않다

시청자들은 시청자들대로 하루 내내 스마트폰을 손에서 놓지 않는다. 정확하게 표현하자면 스마트폰에서 벗어나지를 못하게 된다. 쏟아지는 뉴스와 정보들 그리고 게임과 이메일과 새로 업로드되는 동영상들을 보느라 아침 기상부터 잠자리에 들면서까지 스마트폰을 쥐고 살아야 한다.

여기서 다시, 지나온 과거를 기억해 보자. 스마트폰 안에 금융이 들어왔다. 그 이유는 편리해서가 아니라, 사람들이 스마트폰에서 벗어날 수가 없어서라고 보는 것이 더 정확하다. 손에서 놓지 못하는 스마트폰이기에, 스마트폰 안에서 해결되면 사용하지만 그렇지 않다면 기꺼이 포기하는 결정을 내리는 오늘날의 사람들이다. 은행 지점에 가지 않기 위하여 모바일 뱅킹을 불러왔고, 차를 사거나 관리하지 않고자 차를 공유하는 차량 서비스를 이용하게 된 것이라고 보는 이유이다.

사람들은 스마트폰으로 인해서 삶이 편리해지기는커녕 더 바빠지고 일에 치이게 되는 삶이 되었지만 그것조차 눈치 채지 못하고 살아간다. 모든 것이 스마트폰 안에서 이뤄지기에 다른 일은 생각할 겨를조차 없기 때문이다.

문자 메시지를 보내고 통화만 하다보니 만나서 대화하는 데 부담을 느끼는 사람들이 늘어나고, 만남 자체에 대해 어려움을 토로하다보니 대화법 책의 판매량이 늘어났다. 손가락으로 자판을 두드려 글을 쓰다보니 글쓰기가 힘들어진 사람들을 위해 캘리그라피 책이 잘 팔렸다.

그러던 중, 시기적절하게 전기 자동차가 등장하고 곧이어 자율 주행차가 등장했다. 운전할 시간을 줄여 주고, 스마트폰처럼 전기 충전식 자동차를 갖게 된 결과, 사람들은 육체 노동을 싫어하며 금융 투자에 관심을 기울이게 되어 증권과 부동산, 가상 화폐 투자에 나서기 시작했다. 사람들이 할 수 있는 육체노동은 하나둘 사라지고 모든 삶의 서비스는 스마트폰 안으로 들어가기 시작했다.

사람들은 SNS가 생겼을 때 무료 문자 서비스라고 열광했다. 이메일 확인도 사무실에 가지 않고도 손바닥 위에서 볼 수 있다며 그게 돈 절약이자 시간 절약이라고 생각했다. 그렇지만 결과적으로 어떤가? 사람들은 스마트폰 안에서 돈을 더 많이 쓰고 있고, 시간을 더 많이 허비하고 있다. 물론 아직도 자기들이 그러는 것을 제대로 눈치채지 못한다.

이 틈에 사람들의 본성인 '과시 욕구'를 파고든 것이 있다. SNS에서 맛집을 소개하는 척하며 자신의 식생활을 자랑하고, 선물받은 것에 대해 감사를 표현하는 척하며 명품 브랜드를 과시하는 사람들이 등장했다. 심지어 이목을 끌고 관심을 받고자 무모한 행동까지 내세우는 경우도 생겼다. 이와 동시에 스마트폰에서 다른 사람에게 돈이나 선물을 주고받을 수 있는 서비스가 등장해서 큰 인기를 얻었다.

동영상 플랫폼을 시청하는 사람들은 그래서 기꺼이 '시청료'를 낸다. 옛날에는 전기료에 합산되어 TV 시청료를 냈다면 이제는 자발적으로 스마트폰 화면으로 보는 영상에 대해서 시청료를 콘텐츠값이라고 생각하며 지불한다. 오히려 TV 시청료를 내지 않으려는 사람들이 늘어난다. 동영상을 스마트폰으로 보기에 텔레비전이 없는 가정들이 늘어나기 때문이다.

책이 사라진 그 후

: 책의 변화

책의 물성은 갑골문자에서 양피(양가죽), 백화수피(자작나무 껍질), 한지, 종이 순서대로 거쳐 왔다. 그리고 인터넷과 컴퓨터 등장 이후 시점에는 텍스트와 영상으로 변모하는 중이다. 엄밀히 말하자면 책은 사라지지 않았고 물성의 변화만 이어 갈 뿐이다. 사람들은 여전히 글을 읽는 중이고 글자는 사라지지 않았기 때문이다. 이러한 상황은 인터넷 기업의 발빠른 선제 조치 때문이기도 하다.

'콘텐츠를 삽니다.'

'뉴스를 삽니다.'

'1인 미디어 서비스를 합니다.'

포털에서는 출판사들과 접촉하여 책 콘텐츠에 대한 대가를 지불하며 인터넷에 공급하도록 유도하였고, 신문사들과 접촉하면서는 대가를 지불하며 기사를 인터넷에 공급하도록 유도하였다. 인터넷 사용자들에게는 1인 미디어 서비스를 시작하며 세상 속 전문가들이 자기 이야기를 할 수 있는 '블로그' 서비스를 열었다. 그러자 종이책이 전자책이 되었고, 포털이 그 자체로 책이 되었다.

'인터넷 강의로 공부했어요!'

학원이 인터넷에 들어오면서 종이책의 소멸은 더욱 가속화되었다. 종이 산업 자체가 쇠퇴하는 상황이 시작된 것이기도 하다. 동시에 동영상 플랫폼이 사람들에게 인기를 얻기 시작하였고 인터넷 강의를 경험한 사람들이 인터넷 동영상에 자연스럽게 친화되면서 동영상 플랫폼의 세력이 더욱 확산되었다.

책은 텍스트에서 영상으로, 오디오(소리)로 진화했다. 사람들은 더 이상 책을 '읽지' 않고 '보기' 시작하였고, '읽는 책이 아닌 보는 책'이 인기를 끌더니 '듣는 책'으로 이어졌다. 가장 큰 변화는 책이 스마트폰이 된 것이다. 사람들은 지식을 스마트폰에서 검색하기 시작하면서 구태여 책을 찾지 않았다.

'문제는 희소성이자 대체할 수 없는 콘텐츠이다.'

종이책은 그래서 살 길을 찾아야 했는데 그 결과 '대체재가 없는 콘텐츠'라면 스마트폰과 싸워서 이길 수 있었다. 인터넷에 없고 스마트폰이 해결하지 못하는 콘텐츠라면 종이책도 얼마든지 인기를 끌 것이다. 사람들은 책을 읽지 않는 것이 아니라 구태여 종이책을 읽을 필요가 없었던 것이었다.

콘텐츠, 칩(CHIP)¹⁾으로 이식되다

: 콘텐츠 체감의 시대

'읽고 보던' 콘텐츠에서 '듣기'로 바뀐 콘텐츠는 '체감' 욕구로 변화한다. 가상 현실과 증강 현실은 새로운 콘텐츠가 될 수는 있지만 사람들의 본질적인 욕구, 즉 '체험'을 충족시키지는 못할 것이어서 새로운 콘텐츠를 찾을 것이다. 더 이상의 가상 현실이 아닌, 실제 체감할 수 있는 콘텐츠, 가상을 현실에서 느끼려는 욕구가 드러난다. 자극이 더 큰 자극을 불러일으킨 결과이다.

그래서 콘텐츠는 기술의 무모함에 편승하여 사람들의 욕망 해소에 도전하게 된다. 처음에는 의료용으로 개발되어 온 두뇌칩을 인체에 이식하자는 이야기가 나올 것이며, 두뇌칩에 대해 거부감을 갖던

---

1) 칩(CHIP) : 본문에서 설명하는 것은 컴퓨터 기판. 컴퓨터 회로로서 그래핀 소재 등으로 만들어서 사람의 몸속에 장착되어 신경 세포들과 연결되는데, 겉면은 인체 피부 조직을 이식하듯 덮어 씌워 신체의 면역 반응을 없앨 수 있다. 이 글은 공상 과학 소설이 아니라 현재 진행되고 개발되는 기술에 근거하여 미래 동영상 플랫폼의 변화를 미리 제시해 주고자 할 따름이다. 물론, 그러한 칩의 인체 삽입은 절대로 이뤄져서는 안 되는 일이다.

사람들(건강하여 의료적 용도가 불필요하던)도 쾌락적인 측면이 부각되면서 하나둘 호응하게 될 것이다.

바야흐로 콘텐츠가 인체 감각의 소비 창구 역할을 넘어 인체의 일부가 되려는 일들이 생긴다. 몸속에 들어온 칩들이 인체 감각을 조절하면서 사람들은 극한의 재미와 흥분을 경험하게 될 것이다. 마약 중독자들이 몸을 망치는 것을 알면서도 극도의 쾌락을 좇아 마약을 지속하는 것처럼 몸속에 들어온 칩을 공유하고 더 확보하려고 할 것이다. 몸속 칩에 쾌락을 충족시키는 프로그램을 다운로드받으려고 하고 자율 신경계와 부교감 신경, 중추 신경계를 조절당하는 가상의 세계에 빠져들어 가는 경험을 즐기려고 할 것이다.

이때 데이터 센터에 축적된 정보들이 활용된다. 인공지능이 사람들의 욕구에 맞춰 상황을 부여하고 사람들이 움직이게 된다. 데이터 센터에 축적된 사람들의 관심사, 연애관, 정치관, 인생관을 비롯하여 히트한 영화와 연극 등 각종 콘텐츠에 대한 인간의 재미 요소, 흥미 요소에 해당되는 정보들이 개개인에게 최적화되어 인공지능에 의해 유무선망으로 인체 속 칩으로 배포된다. 이 상황이 되면 사람들은 몸속의 칩에 의존하는 사람으로 살아가게 된다.

"세상이 그 정도면 망하는 거 아닌가요? 누가 그러겠어요?"

다만, 콘텐츠적인 측면에서 몸속에 칩을 심는다는 것은 상당한 거부감을 일으킬 것이다. 그러나 칩 제공자 측에서는 기존 사례를 변용하며 온갖 설득에 나설 것이다.

가령, 백내장 시술은 동공에 인공 수정체를 넣는 것이고, 틀니는 인공 치아를 넣는 것이다. 화상으로 손상된 몸에 인공 피부를 이식하는 것처럼, 손상된 뼈를 대신할 인공 뼈를 3D 프린터로 만들어 넣는 것처럼, 몸속 신경계에 칩을 이식하는 것은 '의료용'이라고 주장할 것이다.

이런 주장이 허무맹랑한 주장들일지라도 이미 삶을 포기한 상실감을 가진 '환자들'에게는 뭐라도 해 보자는 마음에 호응을 얻지 않겠는가. 조금씩 사람들이 자원한다. 그러다가 칩을 넣은 사람들이 건강한 것처럼 움직이고 더 나아가서 쾌락을 즐기는 모습이 알려지면 칩을 심겠다고 자원하는 사람들이 폭증할 것이다.

"칩을 한 번 심으면 되는 거 아니고요?"

새로운 기술에 따라 칩 회사에서는 '장사'를 한다. 인체에 칩을 심으면 인체의 신진대사가 통제를 받는다. 그 통제는 두뇌의 자율 신경이 아닌, 칩 제공 회사의 인공지능 컴퓨터가 명령을 내리는 것이다. 그리고 인체의 노화와 운동 능력 등 각종 기능이 인공지능의 계산에 따라 최대치를 발현하거나 축소하거나 조절되면서 건강까지도 영향을 받게 된다.

인공지능이 조절하는 인체의 신진대사는 사람들이 잠자고 일어나고 활동하는 등에 사용하는 에너지량도 조절할 수 있게 되며 바야흐로 우주 여행이 시작된다. 아무리 먼 우주라도 우주선 속에서 신체 대사량을 조절하며 여행할 수 있는, 이른바 화성 이주가 가능하게 되는 일이다.

몸속에 심은 칩으로 인하여 사람들은 더 이상 컴퓨터 앞에 앉을 필요가 없게 된다. 스마트폰을 들고 다니지 않아도 된다. 모든 콘텐츠는 칩으로 전송되고 칩 안에서 실행된다. 칩은 몸속에서 시신경과 망막을 작동시키고 자율신경계, 부교감 신경 등을 작동시키며 뇌에 자극을 주어 콘텐츠를 소비하게 한다.

인체에 심어진 칩이 인체를 통제하게 되면 노화뿐만 아니라 잠자는 것과 먹는 것처럼 가장 기본적인 것까지 통제하면서 장시간 걸리는 우주여행이라도 무리없이 이동할 수 있게 해 준다. 이 시대(인체에 칩이 심어지는)에는 콘텐츠의 소비가 일상 그 자체가 된다. 몸의 한계치에 대한 인류의 연구는 지속되고 있는 바, 몸에 심는 칩에 의한 콘텐츠 체감의 시대가 된다면 인체의 한계는 누구도 상상할 수 없는 수준에 오르게 된다. 가령, 얼마 전 한국인의 유전자 구조가 분석되었고 줄기세포 배양을 통해 심장을 배양해 내는 시도가 속속 이뤄지는 상황을 보더라도 머지않아 인체의 한계는 우리의 상상을 넘어서게 될 것이란 예상을 한다.

생각해 보자. 쇠는 물에 가라앉는다는 명백했던 사실이 뒤집어진 것은 최근의 일이 아니다. 쇠가 하늘을 난다는 불가사의한 일이 이뤄진 것도 최근의 일이 아니다(물론 필자는 인체에 칩이 심어지는 상황이 오지 않기를 바라는 마음에서, 인체에 칩을 심으라고 해도 결코 허용하지 않을 것이라는 다짐에서 말하는 바이다).

SNS의 유튜브 따라하기

: 동영상 플랫폼의 확산

SUBSCRIBE 🔔

인스타그램과 페이스북을 비롯한 여러 SNS에서도 1인 방송 서비스를 출시했다. '수익성' 때문이다. SNS에서 사진과 글을 주고받는 사람들의 수가 줄어들면 광고 수입 등 그 SNS는 수익성이 떨어진다. 반면 사람들이 동영상을 좋아할수록 사람들이 몰리고 광고 수익이 증가한다. SNS가 동영상 서비스를 할 수밖에 없는 이유이다.

"그러면 유튜브의 경쟁자들이 많아지는 거네요? 페이스북 사용자들이 엄청 많은데 유튜버들의 경쟁에 영향을 받지 않을까요?"

동영상 플랫폼 시장에서 여러 기업들이 점유율 경쟁을 할 수는 있지만 그렇다고 해서 유튜브의 점유율에 큰 영향을 받는 것은 아니다. 동영상 플랫폼은 누가 하는가가 중요한 것이 아니라 동영상을 시청하는 사람들이 어디에 있는가가 중요하기 때문이다. 즉 사람들이 보는 동영상이 어디에 있는가의 문제이다.

가령, SNS에서 동영상 서비스를 시작한다고 하더라도 유튜브에서 볼 수 없는 새로운 콘텐츠를 보여 주지 않는 이상 유튜브를 상대로 우위를 차지할 가능성은 적다. 사람들은 이동하기를 귀찮아한다. 이는 SNS도 마찬가지이다.

"SNS 사용자들이 유튜브의 사용자들과 다르다는 건가요?"

SNS 사용자들이 유튜브를 이용하지 않는다는 말도 어느 정도 가능성이 있다. SNS에서 독창적이고 재미있는 콘텐츠들이 생산된다면 말이다. 오히려 유튜브 사용자들까지 SNS로 유입시킬 힘도 생긴다. 문제는 새로운 콘텐츠라는 점에 있다. SNS에서 동영상 서비스를 하는 것은 당연한 선택이지만 지속성이나 성공 여부를 결정짓는 관건은 얼마나 새로운 콘텐츠가 업로드되는가에 달려 있다.

새로움이란 동영상의 길이가 다르다는 점도 해당된다. 일례로, A 플랫폼에서 주로 3분 정도의 동영상이 인기라면 B 플랫폼에서는 5초 정도의 동영상을 서비스하면 경쟁력이 될 수도 있다. 사람들은 인터넷에서 뮤직 비디오 한 편을 다 보는 시간 3~5분도 시간이 길다고 느끼는데, 핵심적이고 요약된 5초 분량의 동영상이라면 호응을 얻을 수 있다.

또한, SNS의 특성상 불특정 다수를 상대하는 동영상이 아니라 지인들끼리 나누는 특화된 공감 동영상이라면 승산이 높다. 특화 동영상이란 지인들끼리 재미와 유쾌함을 느낄 수 있는 동영상을 말하는데, 다른 플랫폼에서 가져오는 것이 아닌 SNS 지인들 사이에만 알 수 있는 동영상들을 말한다. 구체적으로는 지인들이 참여한 행사 동영상이나 지인들의 일상을 공유하는 동영상을 의미한다.

문제는 역시 비용 대비 수익이다. 특화 동영상으로 인기를 얻더라도 동영상 수익을 기대하기는 어려울 것이다. SNS에서는 수익 확보 차원에서 1인 방송을 서비스하려고 들 것이다. 다수의 팔로워를 보유한 사람이 1인 방송을 한다면? 팔로워들이 구독을 누를 필요도 없는 고정 시청자들이 되는 셈이니 말이다. 불특정 다수를 상대로 동영상을 서비스하며 광고 수입을 극대화해야 비용이 산출될 것인데 지인들 간의 특화된 동영상만으로는 기본 경비를 보전하기가 어렵다. 특히 처음에는 상업 방송, 라이브 방송을 중심으로 열려고 할 것인데 이 또한 사용자가 상품을 섭외하는 것부터 판매까지 담당해야 해서 적지 않은 경험이 필요한 부분이다.

동영상 플랫폼의 진화
: 수익성 확보를 위한 노력

　　동영상 플랫폼 자체에 생길 수 있는 변화에 대해 알아 두자. 현재의 동영상 플랫폼에는 현금성(시청료) 후원하기, 선물하기, 광고 넣기가 있고, 1인 방송을 하는 사람들은 별도로 기업체들로부터 광고를 의뢰받고 동영상을 제작하기도 한다. 인지도가 필요한 사람은 자기 인지도를 위한 기능, 수익을 올리려는 사람은 수익을 얻는 기능을 선택하면 될 일이다.

　　문제는 경기 자체의 쇠퇴, 불경기, 기업의 도산 등으로 인한 광고주 감소에 있다. 광고주가 감소하면 1인 방송 사업자들은 광고 수입을 얻지 못한다. 콘텐츠 제작자들도 수익이 생기지 않는다. 플랫폼에서는 광고를 넣지 못하므로 경비 부담이 생긴다. 사용자들에게 넣어 줄 광고가 없고, 사용자들이 플랫폼 유지비를 분담하는 것이 아닌 이상, 플랫폼에서는 새로운 수익 모델을 짜내야 할 수밖에 없다. 그래서 우선은 플랫폼 자체를 홍보하려고 든다.

그들은 TV에 광고를 넣거나 각종 프로그램에 1인 방송하는 사용자들을 출연시켜서 '여기서 돈 된다', '돈 벌 수 있다'는 홍보를 해야 한다. 그러면 사람들이 그 동영상 플랫폼에 몰려온다. 사람들이 몰리므로 광고주들이 뒤따라오게 된다. 플랫폼이 광고를 하는 이유는 광고주를 불어들이기 위함이다.

그런데 불경기라서 기업들이 돈을 못 벌면? 당연히 플랫폼에 지출하는 광고 계약도 축소되거나 사라지기도 한다. 플랫폼 입장에서는 난감한 상황에 처한다. 사용자들은 많아졌는데 기업 광고가 줄어드는 상황이다. 그리하여 특단의 조치를 취한다.

플랫폼에서는 그동안 돈을 많이 번 인기 계정을 뒤로 빼고 신인 사용자들을 앞으로 빼 준다. 트래픽을 몰아 주는 방법이다. 새로운 콘텐츠도 적극 발굴한다. 우리 플랫폼에서 게임방송이 인기였다면 게임방송 외에도 다른 콘텐츠도 많다는 것을 알려서 사람들을 더 많이 끌어 와야 한다. 그렇게 새로운 콘텐츠가 플랫폼에 띄워진다. 사람들의 시선이 주목되고 다시 사람들이 몰린다.

하지만 그것도 한계가 있다. 기업들이 광고를 넣어야 하는데 기업 경기가 안 좋다면 시간이 흐를수록 플랫폼에서는 적자 폭이 늘어난다. 사용자들의 콘텐츠에 의해 발생하는 트래픽 이용료는 지불해야 하는데 광고료가 줄어드니 다른 수익 모델을 찾아야 한다.

크리에이터의 변화
: 인공지능
크리에이터의 등장

크리에이터는 '사람'의 영역을 넘어 '인공지능'의 영역이 된다. 사람들의 삶 곳곳에 들어온 인공지능은 사람이 할 수 있는 일들을 속속 꿰차다가 동영상 제작과 업로드까지 가능해진다. 진행자 또한 실제 사람이 등장할 필요가 없어진다. 인공지능이 만들어 낸 가상의 사람이 콘텐츠를 만들고 직접 진행자로 등장한다. 인공지능이 사람들의 취향에 따라 콘텐츠를 만들고 개별적으로 공급하는 시대가 된다.

인공지능이 사람의 삶을 통제하는 시대가 되면 기존 화폐는 가치가 없어지고 가상 화폐가 공식 통화로 인정받을 것이다. 시청자들의 후원 선물로도 가상 화폐가 자리 잡을 것이다. 인공지능 입장에서는 금 대신 통제가 가능한 화폐가 필요한데 그것이 가상 화폐이다.

직장에서 사람이 내몰리고 그 자리를 인공지능이 대신한다는 우려는 일차적인 이야기이다. 인공지능이 못하는 일, 오직 인간만이 가능한 일을 찾는 사람들은 '창작'을 이야기한다. 시, 소설, 영화 시나리오, 연극 대본, 드라마 대본, 동양화, 서양화처럼 사람의 감성으로 창작하는 분야는 기계가 대신하지 못한다고 주장한다. 하지만 그것은 인공지능의 역량을 과소평가한 것에 지나지 않는다.

인공지능은 지금도 시나리오를 쓰고, 그림을 그리고, 패션 디자이너로 활동하고, 영화를 만들고 있다. 심지어 이 세상에 없는 가상의 사람을 만들어서 컴퓨터 화면에 얼굴과 전신을 띄워 놓고 실제 사람들과 대화하고 소통까지 한다. 사람들의 SNS에서 팔로워를 맺고 대화하는 것도 인공지능이다.

사람들은 그것이 실제 사람인지 인공지능인지 구분하지 못한다. 인공지능은 이미 상상을 초월할 정도로 우리들의 삶 곳곳에 침투해 있다. 크리에이터 AI가 등장하게 될 것이라 예상하는 이유이다.

100만 구독자?
누구에게나 꿈은
실현될 수 있다

동영상 플랫폼 시장 전체를 생각해 보자. 인터넷을 이용하는 사람들은 지금 이 순간에도 점점 늘어난다. 이제는 노년층에서도 스마트폰을 통해 인터넷에서 동영상을 활발하게 시청한다. 어린 자녀를 키우는 부모들은 아이가 보채면 달래는 방편의 하나로 스마트폰을 건넨다. 유모차에서부터 인터넷을 접하고 동영상을 시청하는 셈이다. 인터넷 동영상은 이미 우리 삶 속으로 깊숙이 들어왔다.

세계로 눈을 돌려보자. 글로벌 기업들의 데이터 센터가 각국 요소요소에 세워지고 있다. '데이터 센터'란 글자 그대로 정보(데이터)를 모으고 저장하는 곳(장소)을 가리킨다. 이게 무슨 말인가 하면, 인터넷 이용자들이 만드는 정보(데이터)를 저장하는 곳을 각 나라에 세운다는 뜻이다.

데이터의 양이 많지 않을 때는 인터넷 기업들은 자국에 데이터 센터만 갖고 있어도 충분했다. 세계 각 지역에서 생산된 데이터들을 유무선 통신만을 통해 가져와서 자국의 데이터 센터에 저장해 두면 될 일이었다. 하지만 이제는 상황이 급변하고 있다.

이런 상황은 사람들은 인터넷에서 글이나 사진이나 동영상을 보는 데만 그치지 않고 직접 참여하고 콘텐츠를 만들어서 같이 공유하는 데 익숙해졌으며, 콘텐츠 제작 욕구가 팽창해졌음을 단적으로 보여 주고 있다. 그 콘텐츠의 양이 어마어마할 정도로 많아서 통신망으로 실어 나르기가 불가능해졌으며(데이터 송수신 비용도 급증하여), 동시에 인터넷 이용이 활발한 나라들일수록 개인정보보호법이 제정되면서 데이터 센터가 필요한 상황이기도 하다.

A 나라 국민의 콘텐츠를 A 나라 국경 밖으로 가져가지 못하게 되는 상황, A 나라 국민의 삶의 모든 정보들이 나라 밖으로 빠져나가지 못하게 제한하는 법률들이 제정되면서 기업들이 A 나라에 데이터 센터를 세워야 하는 상황이 되었다. 정보의 교류가 인터넷을 활성화시켰다면 이제는 데이터의 공유가 사람들을 인터넷에 모이게 한 상태이다. 특히, 일상의 공유를 하면서 말이다.

그렇기 때문에 이제 100만 구독자는 꿈의 숫자만은 아니다. 데이터가 급증한다는 것은 그만큼 수요가 증가한다는 의미이기도 하다.

그 데이터는 사람들이 만든다. 사람들의 활동 영역과 활동량은 시간이 흐를수록 증가한다. 그러니 데이터의 양은 더욱 증가한다.

국내 인구를 편의상 5천만 명이라고 하자. 신생아 출생 수가 점점 감소하는 '인구 절벽' 상황에서도 사람은 해마다 출생한다. 의료 기술의 발달로 사망자 수는 매년 감소한다. 우리나라에서만 매년 30만 명이 새로 태어난다고 하자. 그만큼 인터넷 이용자들이 새로 생기는 셈이다. 그리고 새로 태어나는 사람들은 그들의 부모와 형제자매의 영향을 받고 자라기 마련이다. 어려서부터 스마트폰이 손에 쥐어지고 동영상을 시청하게 된다. 가족과 친구를 따라 일상을 공유하면서 자연스레 동영상 플랫폼에 접속하고 그 데이터를 공유한다. 그러니 동영상 플랫폼의 채널을 구독하는 것은 거의 필수적이다.

이러한 상황에서 동영상 플랫폼으로서의 유튜브의 위치를 고려해 볼 때, 누가 먼저 시작하고 나중에 시작했는지에 대한 시간 차이는 있을지 몰라도, 콘텐츠가 있고 꾸준하기만 하다면 누구나 구독자 확보가 가능하다는 사실을 알 수 있다. 그러니 지금이라도 기업이건 개인이건 유튜브 채널 오픈을 망설일 이유는 없다.

그렇다면 어떤 채널의 100만 명의 구독자란 그 채널의 무조건적인 시청자일까? 아니다. 구독자 수가 반드시 시청자 수를 의미하지는 않는다. 어느 채널을 구독하더라도 그 채널의 콘텐츠를 반드시 시청한다는 보장은 없다. 100만 구독자가 100만 조회 수를 의미하는 것은 아니다. 또한 반대의 상황도 있다. 어느 채널에 1명의 구독자가 있다고 해서 그 채널의 콘텐츠는 1명만 시청한다는 것도 아니다. 오히려 1명의 구독자를 통해서 수십, 수백 명의 시청자가 생길 수도 있다.

결국 구독자 수는 콘텐츠의 조회 수를 말하는 것이 아니라 채널의 신뢰도를 나타내는 지표이다. 100만 명의 구독자를 가진 채널의 콘텐츠와 1명의 구독자를 가진 채널의 콘텐츠는 차이가 없다. 오히려 100만 명의 구독자를 가진 채널에서 만든 콘텐츠가 1명의 구독자를 가진 채널에서 만든 콘텐츠보다 못하다면 구독자들은 단숨에 옮겨갈 것이다. 100만 명이 1명 있는 곳으로 옮겨가는 것은 어려운 일이 아니다. 클릭 1~2번이면 된다.

그래서 1명의 구독자를 가진 채널이라고 하더라도 100만 명의 구독자가 하루만에도 생길 수 있다는 생각하에 콘텐츠를 만들어야 한다. 다만, 시청자들이 어떤 채널을 구독한다는 것은 그 채널이 '꾸준하다'는 사실을 신뢰한다는 의미이다. 채널에 콘텐츠가 많고 새로운 콘텐츠가 꾸준히 업데이트된다는 믿음이 있어야 구독을 누른다. 중요한 것은 콘텐츠가 아니라 채널의 신뢰도임을 명심하자.

자, 정리해 보자. 여러분이 유튜브를 시작하며 채널을 만들었다. 일상을 촬영해서 공유하고 때로는 다양한 콘텐츠를 만들고 업로드했다. 초기라서 그런지 각 콘텐츠마다 시청자 수가 적다. 어떤 콘텐츠는 시청자 수가 0이다. 좋아요와 구독 버튼을 눌러 달라고도 했지만 별 반응이 없다. 당연하다. 아직 사람들에게 알려지지 않았기 때문이다. 구독을 누를 만한 콘텐츠 양도 충분치 않고 콘텐츠 업로드도 꾸준하다는 것에 대해 신뢰를 주지 못했다.

'콘텐츠 만드느라 힘들게 여러 날 작업했는데… 아무도 안 보네?'

여러분은 몇 번 더 작업해서 콘텐츠를 올려 볼 것이다. 사람들이 좋아할 만한 콘텐츠를 기획하고 제작하기도 한다. 하지만 콘텐츠 수에 비해 시청자가 적다면? 슬슬 본전 생각이 난다. 사람들이 알아 주지 않는 것 같으니 재미도 없고 흥미도 반감된다.

이쯤 되면 괜한 일을 하는 것처럼 생각할 것이다. 시간이랑 돈이 아깝다는 생각도 할 것이다. 딱 눈 감고 한 달만 해 보자고 다짐도 해 본다. 일주일에 동영상 한 편은 만들어 올리자고 다짐해 본다. 하지만 그것도 쉬운 일은 아니라는 사실을 알게 된다. 모든 것을 혼자 다하려니 시간도 부족하다. 콘텐츠를 올려 봤자 보는 사람도 없고 구독자도 없는데 차일피일 미루기도 한다. 그러다가 결국에는 채널을 닫는다. 의욕적으로 시작했다가 의기소침해서 채널을 중단한다.

이 상황에서는 무엇이 문제였을까? 100만 구독자를 원하지만 현실은 구독자 100명 확보하기도 어렵다고 느꼈기 때문일 것이다.

유튜브 채널을 시작하려는가?

이미 채널을 운영하고 있는가?

구독자 확보가 어려워 고민 중인가?

다음의 내용을 기억하자.

1. 일상의 지장이 없는 범위에서, 정기적으로 꾸준히 하자.

2. 인기 채널을 흉내내려고 하지 말고 나만의 채널과 나만의 콘텐츠를 만들자.

3. 단, 인기 채널 콘텐츠라고 하더라도 나만의 특색으로 경쟁력이 있다면 해도 된다.

4. 구독자를 찾지 말고 그 시간에 나만의 콘텐츠를 찾자.

5. 친한 친구라고 매일 보는 것이 아니듯, 내 채널을 찾아올 그들을 기다리자.

6. 이제 막 시작한 내 채널을 누가 볼까? 염려 말자. 최소한 유튜브 직원은 본다.

그렇게 채널을 운영하면 시청자와 구독자가 늘어나는 것을 알게 된다. 구독자는 1명씩 꾸준히 늘어나는 것이 아니다. 초기에는 서서히 생기다가도 어느 순간 폭발적으로 증가한다. 2명이 4명, 4명이 8

명, 8명이 16명이 될 수 있다. 꾸준함과 콘텐츠의 차별성만 갖춘다면 가능하다.

기본적으로 이 여섯 가지 포인트를 기억해 두고 이 책에 소개된 구독자 확보 노하우를 배워 보자. 이것 하나만큼은 반드시 기억하자. 여러분이 구독자를 찾지 말자. 여러분의 채널에 구독자들이 알아서 찾아갈 것이다.